Dam & Partners

John Dmke
February 1915
2012

Dam & Partners Architects

Work in Progress

1988 - 2000

Fotografie/Photography
Michel Claus
Theo Bos

Redactie/Editors
Christoph Grafe, Gabriël Verheggen

Met een bijdrage van/With an essay by **John Welsh**

NAi Uitgevers/Publishers

Inhoud
Content

Bij een bestudering van het werk valt allereerst op hoe sterk de relatie tussen het bureau en de samenleving is. Er is zeer uiteenlopend werk, van meubels en woonhuizen voor jonge kunstenaars tot grote stedelijke projecten. Het werk staat net zo midden in de maatschappij als jullie zelf. Tegelijk is de architectuur van het bureau ook heel persoonlijk en oorspronkelijk, een uitdrukking van een zeer eigen opvatting over architectuur als een vorm van kunst. Hoe verhouden zich deze twee aspecten tot elkaar? Hoe zien jullie dat zelf? Wat is voor jullie de relatie tussen bureau en samenleving?

Een conversatie

Cees Dam Deze vraag gaat eigenlijk over de grondslagen van de architectuur. Ondanks haar gebondenheid aan een maatschappelijke context blijft voor ons architectuur toch een kunstvorm die haar eigen wetmatigheden heeft; een vakuitoefening die haar eigen geschiedenis heeft en waarin de beheersing van maat, schaal en ritme een constante factor is. Om je eigen werk binnen de architectuur te ontwikkelen, moet je je kunnen bevrijden en loszetten van de eisen die vanuit de samenleving op je afkomen. Aan de andere kant is architectuur een gebonden of toegepaste kunst en een dienst aan de opdrachtgever en de samenleving in haar geheel. De aanleiding voor alles wat we doen ligt in de vraag van een ander. Zonder deze context bestaat ons werk niet eens. Het is essentieel die twee zaken scherp uit elkaar te houden. Het gaat om een verschil tussen doel en middel. Architectuur als onderzoek, als avontuur, als beleving, als warmte en als verrassing is iets anders dan de programma's van wensen, de economische kant of de eisen van de maatschappij.

Als je op die manier architectuur bedrijft, dan is architectuur ook een communicatiemiddel. Vierkanten en cirkels zijn niet over te dragen, maar de gedachten daarbij en de drijfveren erachter wel. Ook de principes van hoe je met elkaar werkt kun je overdragen. En wat er dan uitkomt zal bij het ene project meer gekleurd zijn dan bij het ander, maar merkwaardigerwijs is er desondanks een heel grote herkenbaarheid in alle projecten. Er is sprake van een benadering die werkt vanuit continuïteit, terwijl de opdrachten altijd verschillen.

Diederik Dam We blijven ons altijd heel onafhankelijk opstellen. Dat neemt niet weg dat we ons dienstbaar willen opstellen, als beoefenaars van een vak waarvoor je geleerd hebt en van waaruit je gedisciplineerd dingen voor iemand maakt. Alleen zo houden we tegelijk onze zelfstandigheid en kracht. Wij beginnen nooit met een vooringenomen beeld waarnaar een opdrachtgever zich zou moeten voegen. Dat betekent souplesse en flexibiliteit in denken. Mogelijkheden en openingen zien, van analyse naar concept naar detail. Dat te kunnen, dat te zien, maakt architectuur voor ons zo spannend. Architectuur blijft een continu avontuur, zeg maar gerust een jungle, waar je hand in hand met je opdrachtgever instapt. Daarom kunnen wij onze eigen koers varen zonder ons buiten de werkelijkheid of de situatie te stellen. Dat is voor ons onafhankelijkheid. Het nadeel is misschien dat voor de oppervlakkige kijker geen 'stijl' herkenbaar is. Maar dat is ook geen doel op zich.

Cees Ik zie het als een compliment als iemand tegen me zegt dat ik geen duidelijke stijl heb. Ik wil dingen maken waar mensen zich gelukkig in kunnen gaan voelen, of voelen of, misschien beter, mogelijkheden hebben om zich verder te ontwikkelen. Ik denk dat we met de gebouwen die we maken warmte uitstralen. Gebouwen die aangenaam voelen. Daarmee lever je niet alleen een bijdrage aan sociale en maatschappelijke programma's, maar ook en vooral aan persoonlijke belevenissen van mensen, zowel individueel als samen. Ik denk dat dit de belangrijke drijfveer is en dat dit de stijl is die we hebben. Een stijl die veel interessanter is dan een herkenbaar handschrift. Datzelfde zie ik terug bij architecten zoals Gunnar Asplund, Renzo Piano, Frank Lloyd Wright of Alvaro Siza. Het werk van hen ligt ook niet in één lijn. Wij zijn tamelijk ongeïnteresseerd in stijl als een handelsmerk. Dit geldt ook voor aspecten als de benadering van materiaal of techniek. Om een voorbeeld te geven: ik heb ooit het eerste space-frame in Nederland gemaakt bij een garage in Heemstede, maar dat is nooit een obsessie geworden. Als je iets nodig hebt dan maak je het, en als je het niet nodig hebt niet. Af – uit! Anders krijg je toch een voorspelbaar standpunt dat meer met handelsgeest te maken heeft dan met architectuur. Ondertussen is er in de periode dat ons bureau bestaat veel veranderd. De maatschappij is veel opener, er is veel meer informatie en communicatie. Wij zijn daar onderdeel van en onze omgeving heeft invloed op alles wat wij doen. Als de maatschappij heel ingewikkeld is dan blijkt vanzelf dat de gebouwen bijna eenvoudiger worden om een soort contrast daarmee te vormen. Dat is op zich niet nieuw. Je ziet het ook bij kunstenaars die over lange periodes werken en die met verschillende thema's experimenteren. Denk maar aan Picasso! Die heeft in zijn leven allerlei uiteenlopende zaken gedaan. Dat zijn allemaal reflecties op zijn eigen situatie, op dingen om hem heen, op mensen die hij ontmoette.

Diederik In die zin is er misschien ook wel een verschil tussen Cees en mij. Ik ben eerder geneigd dan Cees om het antwoord herkenbaarder te maken voor derden, waar hij dat vaak mystieker vormgeeft en zich daarin altijd heel veel vrijheid heeft veroorloofd en ook kan veroorloven.

Cees Ik ben ook surrealistischer in mijn denken dan Diederik. Dat is een verschil tussen ons.

Diederik Ondertussen is er op het bureau een grote hoeveelheid kennis en vakmanschap verzameld waarop we voortbouwen. Dat leidt als vanzelf tot een accumulatie van nieuwe inzichten en het bepaalt de manier waarop we onderzoek doen. De verschijning van onze gebouwen is heel veranderlijk. Wij zijn bijvoorbeeld snel geneigd om een volstrekt goede esthetische oplossing na een of twee keer weg te laten glijden en weer naar een nieuwe te zoeken, om herhaling te vermijden. Omgekeerd leidt het onderzoek naar techniek en vakmanschap tot een voortdurende vermeerdering van kennis en naar steeds verder strekkende oplossingen. Zo ontstaat vernieuwing vanuit zichzelf. Zo is ook de organisatie van het bureau ingericht. We laten vaak vanuit chaos dingen tot stand komen, terwijl er wel degelijk gestructureerde systemen onder liggen. Op het bureau werken zeer ervaren en jonge mensen met elkaar samen. Mensen die volstrekt verschillende achtergronden hebben: ze komen van een timmerwerkplaats of van de universiteit of de kunstacademie. Het gaat ons om een integratie van kennis en creativiteit waarbij je zowel opdrachtgevers als bijvoorbeeld beeldende kunstenaars betrekt.

Cees De functie van de opdrachtgever is in de afgelopen twintig jaar wel sterk veranderd. Nu zijn er bijvoorbeeld opdrachtgevers die als makelaars werken en partijen bij elkaar brengen die een gebouw kunnen maken. Het lijkt dan misschien of de functie van de architect daardoor een andere is geworden, maar dat is niet het geval. Deze rol is nog centraler omdat het echte bouwmeesterschap, de integratie van verschillende aspecten, nog belangrijker is geworden om tot goede resultaten te komen.

Als je jezelf los kunt zetten van alle deelbelangen en iets nieuws kunt denken, wordt het mogelijk om op een goede manier om te gaan met de tradities waarop we voortbouwen. Bewustzijn van traditie heeft te maken met het onderzoek naar wat je zelf doet en waar je mee te maken hebt en mee bezig bent. Als we praten over schaalverschillen is Palladio interessant. Er zijn altijd bindingen met vandaag en gisteren. En dan heb ik het dus niet over de vorm maar over de inhoud. Traditie wordt heel snel vertaald in dat je iets nadoet uit het verleden – klompendansen uit de zestiende eeuw – maar het gaat bij de essentie van iets uit het verleden om dat het wat te bieden heeft. Voor mij is een goede traditie iets beweeglijks, iets dat je steeds opnieuw vormt en bijwerkt. Je zou kunnen zeggen dat in wezen één lijn op het papier al een aanzet voor een traditie is. De tweede lijn is daar dan een amendement op; iets dat wel in het vervolg ligt maar de richting van het geheel volledig kan wijzigen. Als iets nieuw is zet het de traditie voort, maar tilt het over de rand heen en verkent de grens van de overlevering. In sommige gebouwen van Asplund zie je zoiets heel duidelijk, bijvoorbeeld in zijn gerechtsgebouw in Gothenburg. Daar maakt hij een uitbreiding van een neoklassiek gebouw die zich absoluut niet aanpast, maar wel precies past bij maat, schaal en ritme van het oude gebouw. Dit is een vorm van respect die we ook in ons werk nastreven en die je bijvoorbeeld heel duidelijk ziet bij het woonhuis aan de Amstel in Amsterdam. De gevel van dit huis is in materiaal en kleur totaal verschillend van alle andere gevels in zijn omgeving en tegelijk duidelijk wel aan verwant. De drijfveer voor mij is je eigen omgeving scheppen. Ik kan me herinneren uit het begin van het bureau dat ik schoenen kocht in een winkel die ik gemaakt had en ijs in een winkel die ik zelf gemaakt had en toen een auto… et cetera. Ik maakte dingen die ik nodig had. Nog steeds. Het is voor ons heel moeilijk om iets te ontwerpen dat we niet nodig hebben. Volgens mij komt er niets uit het zomaar aan tafel gaan zitten en zeggen: 'Nu ga ik een deurkruk ontwerpen!' Met andere woorden, het gaat bij ons om zaken die dicht bij ons liggen en die we anders willen.

Diederik   Belangrijk is het contrast. Dat zie je niet alleen in de ontwerpen van de gevels maar overal in. Het gaat om meerdere belevingen en die hebben altijd te maken met het interieur. Ook de gevels zijn de reflectie van het interieur. Dan gaat het niet om niet letterlijke leesbaarheid, of om transparantie. Het gaat om de expressie. Kijk naar het menselijk lichaam. Het benadrukken van contrasten is een continuïteit in ons werk. Maar ook aspecten die voortkomen uit de 'gereedschapskist' van de architect, hoe de beleving van het binnengaan van een gebouw wordt vormgegeven en dat de atmosfeer goed is, waardoor de bezoeker welkom wordt geheten. Ook dat is kenmerkend voor wat wij doen. Door de contrasten en de gelaagdheid zijn de ontwerpen ook 'vergeeflijk', het hoeft niet te kloppen, ze vertellen hun eigen verhaal en daardoor schep je ook vrijheid voor jezelf.

Cees   Er is ook een andere continuïteit in ons werk – en dan noem ik als voorbeeld het stadhuis in Almere – namelijk dat wij het stadse, de stedelijkheid steeds benadrukken. Dat doen wij ook op kantoorlocaties en kantoorwijken langs de snelweg. Daar zijn wij mee begonnen in een tijd dat nog niemand precies wist hoe of wat.

Het bijzondere aan de andere kant is dat ik ook heel veel heb met natuur. Ik heb een opvoeding gehad buiten de stad, midden in de duinen, en die heeft mij als het ware geleid naar de stedelijkheid, het andere. Ook hierin ben ik dus weer geïnteresseerd in het contrast. Ik werk trouwens ook in de stad en woon buiten. Het dubbele komt steeds terug. Als wij bijvoorbeeld een project met twee of drie gebouwen bij elkaar maken, dan komt er een plein in, een stedelijke plek waar we iets mee doen. Hierdoor ontstaan plekken van samen en alleen. Van binnen en buiten. Dat dubbele is heel belangrijk. Dat zie je bijvoorbeeld in de gevel van het gebouw aan de Dam. We ontkennen daar de plint, die we dan vervolgens juist maken, maar wel anders. Het zijn omdraaiingen van dingen. Dat is interessant.

Ik kan heel weinig met het begrip typologie. Als ik zeg dat iets een driedeling heeft, dan zeg ik niets over typologie. Die is er dus niet. Ik verzet me daar ook tegen. Je kunt niet zeggen: dat is de typologie en die kiezen we dan, klaar! Bij theaters bijvoorbeeld zeggen ze dat er verschillende oplossingen zijn: een is

open, een is dicht, een is vierkant en een is rond. Als dat is uitgezocht, wordt er ontworpen en gezocht naar een typologie die het beste bij de situatie past. Dat heb ik altijd heel erg armoedig gevonden. Toch zijn er hele boeken mee vol geschreven. Daarmee heb je dan geen verrassing, geen verbazing. Het raakt je niet, want het heeft geen aanwezigheid.

Diederik   Daarbij is het voor ons essentieel dat de gebouwen iets genereus uitstralen. Dat is niet alleen maar het streven naar comfort in de letterlijke zin, maar ook het streven naar een mentale en fysieke ruimte waarin de gebruiker een plek heeft. Maar heel vaak is de waarde die we zoeken het gevolg van een nuchtere afweging van gegevens en het omdraaien van de kernstelling. Veel mensen zijn zeer gefixeerd op hoe het moet en daardoor blind geraakt voor de andere mogelijkheden. Wij zijn zowel spits als ontspannen ten aanzien van andere oplossingen. Dat zie je al in de kleinste dingen. Neem bijvoorbeeld het interieur van dit bureau waar we nu zitten met de verschillende kleurtoepassingen, de meubels die we hebben staan en de kunst. Hoe vanzelfsprekend het ook voor ons is, toch zijn er mensen die binnenkomen bij wie de mond openvalt van verbazing. Voor ons is het heel gewoon. Maar dat is het blijkbaar dus niet.

Cees   Architectuur moet een *mémoire* hebben! Dat geldt trouwens voor al het goede en ook voor alle mensen. Alles moet een mémoire, een herinnering hebben. Ik vind dan ook dat je moet zorgen dat wie je bent, wat je doet en maakt, dat dát bij anderen een mémoire geeft. Als dat niet werkt, dan is het waardeloos. Het heeft te maken met communicatie, met overdracht, met 'iets' zijn. Als iets niet is, dan is het er niet. Er moet iets achterblijven, net als bij een goede wijn. En daar is bijna alles op ontworpen en gemaakt.

Weerslag van een conversatie tussen Cees Dam, Diederik Dam, Christoph Grafe en Gabriël Verheggen

When one studies the work, what stands out above all is the strength of the relationship between the bureau and society. The work is very diverse, from furniture and residential houses for young artists to large urban projects. The work stands in the midst of society no less than you yourselves. At the same time the architecture of the bureau is also extremely personal and original, the expression of a highly unique vision of architecture as an art form. How are these two aspects related to each other? How do you see this personally? What relationship do you see between the bureau and society?

A conversation

Cees Dam This is actually a question about the very foundations of architecture. In spite of its being bound to a social context, architecture nevertheless remains for us an art form with its own tenets, a profession with its own history, within which the management of size, scale and rhythm is a constant factor. In order to develop your own work within architecture, you must be able to free yourself and cast off the demands that society imposes upon you. On the other hand, architecture is a dependent or applied art, and a service performed for the client and for society as a whole. Everything we do, we do at someone else's request. Without this context our work would not even exist. It is essential to keep these two aspects strictly separate. It is a question of differentiating the ends and the means. Architecture as inquiry, as adventure, as experience, as warmth and as surprise is something quite different from programmes of stipulations, the economic side of things, or the demands of the community.

When you practice architecture in this way, architecture is also a mode of communication. You cannot convey squares and circles, but you can convey the thinking that attends them and the motivations behind them. You can also convey the principles of how you work with each other. The results will be more pronounced in one project than in another, but, remarkably enough, there is something quite recognizable throughout all the projects. We are talking about an approach based on continuity, even though every commission is different.

Diederik Dam We always maintain a very independent profile. That doesn't mean that we want to be any less service-oriented, as practitioners of a profession for which you have studied and within which you create disciplined things for someone. This is the only way we can maintain both our independence and strength. We never start with a preconceived notion to which a client must conform. This means accommodating and flexible thinking – seeing possibilities and openings, from analysis to concept to detail. Being able to do this, seeing this, is what makes architecture so exciting to us. Architecture remains a continuous adventure – you might even say a jungle – which you enter hand in hand with your client. This permits us to chart our own course while placing ourselves neither beyond reality nor outside the situation. To us, that is independence. The down side is perhaps that to a superficial observer there is no recognizable 'style'. But that is not a goal in itself.

Cees I see it as a compliment if someone tells me that I have no clear style. I want to make things where people can feel happy, or feel, or – perhaps more accurately – have opportunities to evolve. I think the buildings we create exude a certain warmth, feel pleasant. This way you make a contribution not only to social and community programmes, but also and especially to people's personal experiences, individually as well as communally. I think this is the major motivating factor and this is the style we have – a style that is much more interesting than a recognizable signature. I see the same thing with architects such as Gunnar Asplund, Renzo Piano, Frank Lloyd Wright or Alvaro Siza. Their work does not follow one single line either. We are not very much interested in style as a trademark. This is also true for such aspects as the use of materials or technology. To give you an example, I once designed the first space-frame in the Netherlands, for a garage in Heemstede, but that never became a fixation. When you need something, you make it, and if you don't need it, you don't. Finished – over and done with! Otherwise you develop a predictable viewpoint that has more to do with commercialism than with architecture. Meanwhile, a great deal has changed in the time our agency has been around. Society is much more open; there is a lot more information and communication. We are a part of this, and our environment influences everything we do. When society is highly complex, then it seems as if the buildings become simpler as a matter of course, as if to stand in contrast. There is nothing new in this. You also see it in artists who work over long periods and who experiment with different themes. Just think of Picasso! He did all sorts of things during his life. They are all reflections on his own situation, on things around him, on people he encountered.

Diederik   Here Cees and I may differ after all. I am more inclined than Cees to make the answer more recognizable to others, while he often designs in a more mystical way and has always allowed himself tremendous freedom in doing so, which he can also permit himself.

Cees   I am also more surrealistic in my thinking than Diederik. That is a difference between us.

Diederik   Over the years the bureau has amassed a great deal of knowledge and expertise, upon which we continue to build. This quite naturally leads to an accumulation of new insights, and this defines the way we do research. The appearance of our buildings is extremely variable. For example, we quickly tend to discard a perfectly good aesthetic solution and start looking for a new one, in order to avoid repetition. Conversely, research into engineering and craftsmanship leads to a continual expansion of knowledge and to ever more radical solutions. Innovation is self-generating. This is also how the bureau derives its organizational structure. We often let things emerge out of chaos, even as sound, structured systems underpin it. At the bureau, highly experienced people and young people work together – people with completely different backgrounds. They come from a carpentry shop or from the university or from the art academy. What matters to us is an integration of knowledge and creativity in which you involve clients as well as, say, visual artists.

Cees   The function of the client has changed significantly over the last twenty years. For example, there are clients now who work as realtors and bring together parties who can make a building. One might think that this has transformed the function of the architect, but that is not the case. This role has become more central than ever, because the genuine master builder's craft, the integration of different aspects, has become more important than ever in achieving good results.

If you can separate yourself from all the interested parties and can think up something new, it is possible to work well with the traditions that we are continuing. Being conscious of tradition means inquiring into what you are doing yourself and what you have to deal with and what you are actually doing. Palladio is interesting if we are discussing differences in scale. There are always connections between today and yesterday. And here I am not talking about the form but about the content. Tradition is quite often expressed by imitating something from the past – clog dances from the sixteenth century – but the essence of something from the past is that it has something to offer. To me a good tradition is something flexible, something that you keep reshape and adapt again and again. You might say that in essence just one line on paper is enough to start a tradition. The second line is an amendment to that – something that does follow on but that can entirely alter the direction of the whole. When something is new, it carries on the tradition, but it pushes it beyond its limitations and explores the bounds of tradition. In some of Asplund's buildings you see this quite clearly, for instance in his courthouse in Gothenburg. There he creates an extension to a neo-classical building that makes no compromises whatsoever, yet it precisely complements the old building's size, scale, and rhythm. This is a form of respect to which we also aspire in our work and which you can see quite clearly in the house on the Amstel in Amsterdam. The material and colour of the facade of this house stands in complete contrast to all other facades surrounding it, yet at the same time is clearly related to them. The motivation for me is create one's own environment. In the bureau's early days, I can remember buying shoes in a shop that I designed and ice cream in a shop I had designed myself, and then a car… and so on. I made things I needed. I still do. It is very difficult for us to design something we do not need. I don't think anything comes of just sitting down at a table and saying, 'Now I'm going to design a doorknob!' In other words, for us it's all about things that concern us closely and that we want to see changed.

Diederik The contrast is important. You see it everywhere, not just in the design of the facades. This involves multiple experiences, and these are always connected to the interior. The facades are also a reflection of the interior. This is not about literal decipherability, or transparency. It is about expression. Look at the human body. The emphasis on contrasts is a constant factor in our work. But so are aspects that originate in the architect's 'toolbox' – how the experience of entering a building is given shape, and that it has a good atmosphere, which welcomes the visitor in. That is also characteristic of what we do. The contrasts and the layering also make the designs 'forgiving'. It does not have to be right; they tell their own story, and this way you also create freedom for yourself.

Cees   There is another unifying factor in our work – and here I would mention the city hall in Almere as an example – and that is that we are always emphasizing the city, the urban. We also do this on office sites and office zones along the motorway. We started this at a time when no one knew quite how or what.

What is unique, on the other hand, is that I also have a great affinity with nature. I was raised outside the city, in the middle of the dunes, and this led me, as it were, to the urban, the Other. I am interested in contrasts here as well. Incidentally, I also work in the city and live in the country. Dichotomy keeps coming back. If we are working, for example, on a project with two or three buildings together, then a square comes in, an urban place that we put to use. This creates places for being together and for being alone, for inside and for outside. That dichotomy is very important. You can see an example of this in the facade of the building on the Dam. We renege the plinth there, and subsequently we do build it, but in a different way. Things are turned around. That is interesting.

I am not very good with typology. When I say something is tripartite, I am not saying anything about typology. It is not there. I resist it too. You cannot say, 'This is the typology, and this is what we choose, done!' In theatres, for instance, they say that there are various solutions – one is open, one is closed, one is square and one is round. Once this has been decided, then a design and typology that best fits the situation has to be created. I have always found this extremely shallow. Yet tome after tome has been written on the subject. This offers no surprise, no amazement. It does not touch you, because it has no presence.

Diederik   It is also essential for us that the buildings exude something generous. This is not simply striving for comfort in the literal sense, but also aspiring to create a mental and physical space in which the user has a place. But the value we are seeking is very often a consequence of a sober balancing of the given parameters and the shifting of the core premise. Many people are highly fixated on how things should be and therefore blind to other possibilities. We are both sharp-eyed and laid-back in regard to other possibilities. You can see that in the smallest things. Take the interior of this office we are sitting in now, for example, with the varied use of colour, the furniture we have, and the art. However much we take it for granted, there are people who walk in whose jaws drop in amazement. To us it is quite ordinary. But it evidently isn't.

Cees   Architecture must have a *mémoire*! That is true, by the way, for all things good, and also for all people. Everything should have a mémoire, leave its mark. I do feel that you must ensure that who you are, what you do and make – that this should awaken a mémoire for other people. If that is not the case, then it is worthless. This has to do with communication, with transmission, with being 'something'. If something does not exist, then it simply is not there. Something should linger, as with a good wine. And this is the basis for almost everything that we design or make.

Transcript of a conversation between Cees Dam, Diederik Dam, Christoph Grafe and Gabriël Verheggen

John Welsh

Needs, questions and responses. A profile

When Cees Dam first came to the attention of the Dutch public it was for his proposals for Amsterdam's new opera house and town hall. He was attacked in the press for buildings that were perceived to express the power of the establishment. That was the 1980s. But twenty years later, Dam is still in the public eye. Nowadays he is even on Dutch television, popping up in the most unusual places and holding forth about the architecture of cowsheds or the simple train station.

The profile of his practice has enjoyed equal longevity. And, just as his public persona has shifted from bogeyman to loveable rogue because Dutch society has changed, so has his practice's reputation. Clients have come to accept the architect once perceived as an outsider by the architectural establishment because the Netherlands has changed so dramatically over the past twenty years.

'We have probably never fitted in,' is how Diederik, Cees Dam's 34-year-old son and partner in Dam & partners, describes the relationship between the architectural practice and the Dutch architectural press. 'There has always been a prejudice towards my father,' he adds, 'because of the views which were collectively held by the Dutch architectural circus.'[1]

The prejudice of the Dutch architectural community has influenced Dam's character and, far from damaging the practice, appears to have aided its growth, generating an architectural culture that operates effectively in the Netherlands today – a country where the character of

clients has changed rapidly over the past ten years, because the Netherlands itself has changed so dramatically.

The Netherlands has always enjoyed consensus politics – collaboration between state, employers and unions within the so-called "Poldermodel". But since the economic crisis of the late 1980s, the goals have changed so that the idealism of that period has been replaced by a greater emphasis on the free market. Unions tempered their wage claims, business invested in new jobs and government cut expenditure. Indeed the changes have been so successful that Wim Kok, the Dutch prime minister, was invited to the Denver G7 meeting in 1998, although the Netherlands does not belong to the club. Bill Clinton, the US president, introduced him to the group as someone who had implemented the new economy long before the US.

What has this meant on the ground? A country where eighty per cent of housing was public and citizens believed strongly in a sense of community has become a dynamic member of the world economy. Now the Dutch political agenda is not about liberalising marijuana or prostitution but rather how the country can attract inward investment and accommodate multinational companies. For example, tax regulations for foreign companies are so beneficial that capital gains tax on private property is more lenient than in the Bahamas. Such incentives have encouraged many multinational companies to

base their headquarters in or around Amsterdam where they can easily serve their German, Belgian, Scandinavian and British customers.[2]

This new economy has generated a new type of client, one who needs their requirements built as swiftly and efficiently as possible. They are business people racing to keep up with their customers. Their new headquarters and workshops have to be built and ready within a very short period. And if the architect is going to be troublesome, or the proposed building attracts adverse reaction from the planners, or fails to be built quickly enough, or is not cheap to construct, then that client may not only choose a different architect, it might choose a different European country. Dam's office can knock up a building within this sort of time scale. But the office can also do something else.

The new business quarters of the new global economy are not quaint streets in city centres but bold building blocks sitting either side of the constantly expanding motorway network in Netherlands. Dam's architecture competes effectively with this new nowhere in shape and form and colour. Even more importantly, the buildings suggest urbanity despite the isolation. And that certainly satisfies the aspirations of clients. They might well work in the suburban factories of the global economy but their success is due to their worldliness. Critic Christoph Grafe describes Dam's architecture as offering 'a kind of dream of urbane life that many Dutch will associate with real cities such as Paris or Barcelona'.[3]

Any architect working in this environment also has to be aware of technology and the way it effects how people work, shop and live. At first Dam seems entirely inappropriate for such a moment, flamboyantly throwing up his hands and claiming that he does not like this 'world of Speedy Gonzalez. I hate computer-generated drawings. I know you have to use them nowadays but I never touch a machine.'[4]

He is even less impressed by the impact of the use of technology by society. 'People say that the world is changing but they still have a romantic view of what buildings look like, sitting behind their computers under a thatched roof.' What matters today however is not that technology is rapidly changing or its effect on society is dynamic – there is nothing new in either idea – but rather that there is a renewed enthusiasm, bordering on the optimistic, in technology, similar to that seen during the nineteenth-century industrial revolution or the immediate post-war years of the 1950s.

In this context, Dam's comments sound exactly the type to put off these new-economy clients. And this is where Diederik, Dam's son, comes in. He is obviously far more aware of the impression that needs to be made on such clients to whom Dam's flamboyance must be as irritating as the intellectual rigour of his peers must have been ten years earlier. Diederik, instead, talks about how the practice keeps up with the changing

technology of construction, mentioning thin floors for office blocks or natural ventilation. But even he is quite firm that architecture can never absorb rapid change, leaving the architect to concentrate on creating spaces that are as flexible as possible.

Dam, rather iconoclastically, uses the example of a Palladian villa to make his point, suggesting that it could be a grand home but just as easily a shop or an office. So an architecture where interior floor plans are left as neutral as possible forces the architect to create facades and spaces that have an impact on their users – 'an architecture of memory, easily comprehensible' as Dam calls it.

Diederik goes on to attack Dutch architects' obsessions with minor details rather than space: 'They spend hours designing a bench in a corner, rather than providing generous space.' But Dam's office does not want to force people to use buildings in certain ways. Instead the office is interested in a richness of space so that people always feel comfortable. 'There is very little tradition of comfort in Dutch architecture,' says Christoph Grafe, 'no *moderne* as in France or in England. In the Netherlands, modernism has long been interpreted as a reductionist move back to essentials.'

Take Blauwhoed (Brainpark 2), near Rotterdam. It is a business park located beside one of the Netherlands' now ubiquitous motorways accommodating Regus, one of the leading members of the new economy. Just like a car rental company, it will provide offices to a consistent standard and for

any length of time around the world. So as a company, you can open an office in New York or Kazakhstan tomorrow just by turning on the Internet.

To a customer of Regus, who might be in the building for only one day, what the building looks like, as opposed to the level or service inside, is really quite irrelevant. It is exactly these types of issues that Dam's office now faces – how to make architecture in a rapidly changing business environment where the former corporate ideals of pomp and grandeur are replaced by the efficiencies of the new economy? How can Dam's practice create buildings when it has absolutely no idea who or what the end-users will be?

How does Dam's office respond? The office 'masterplanned' the park, placing buildings either side of a straight road with trees down the middle. It is not exactly sophisticated masterplanning, spurning the traditions of landscape apart from those of crude axis and ease of car parking. But for a company in a hurry it is an appropriately simple layout, making clear to visitors and employees alike where to park their cars and where to enter their place of employment.

The practice also built four of the buildings. One for a property company is rather good. Viewed from an angle, all four elevations of the building look like solid brick. Viewed straight on, you realize that the brick is merely protruding, narrow pilasters rising between regular 900-millimetre windows. Inside, the true extent of the exterior games becomes clear – the cellular offices either side of a central service/meeting area is remarkably open to the views of motorways all around. And you realize that what appeared like a brick box on arrival is in fact largely glazed. But apart from this contrast and a powerful, spiral escape staircase, the office is largely standard office space – flexible, serviceable and anonymous.

Dam's attitude certainly contrasts with those of the rest of the architectural community. The late Aldo van Eyck, for example, took the image of the architect as an irascible old curmudgeon to new heights, referring in a television interview to the directors of a museum, who also happened to be the clients of one of his last projects, as 'mad'.

Van Eyck was certainly a one-off in the Netherlands where two types of architects have dominated the press over the past ten years. There has always been interest in the grand old men of Dutch architecture such as van Eyck and Herman Hertzberger. Their buildings, writings and characters dominated the Dutch architectural scene in the post-war years. Equally, Structuralism, their rigorous and intensely personal style of design, dominated architecture. So much so that their opinions and their buildings, such as Van Eyck's Orphanage in Amsterdam (1960) or Hertzberger's Centraal Beheer office building in Apeldoorn (1972), became not so much icons of Dutch architecture as straitjackets into which all other architects had to fit.

A new generation of architects has done much to diminish the domi-nance of Van Eyck and Hertzberger over the past fifteen years. Of course there is Rem Koolhaas, but also archi-tects such as Ben van Berkel, Erick van Egeraat, Mecanoo, Kees Christiaanse and Jo Coenen. All have won major commissions for universities or public housing that has brought a new vitality to Dutch architecture. Indeed this younger generation of modernists and theorists is more successful than its predecessors, since many of them, such as Koolhaas and Van Egeraat, have gained work and reputations abroad. And they are most certainly Dam's competitors. Indeed there is obviously a clear perception in the office that clients might begin to switch their allegiance to a younger generation. Diederik is obviously an asset, but just as effective are Dam's social skills and media profile.

Dam mingles with the Dutch painters, sculptors and writers of his generation.[5] It seems a closed clique, something of an artistic establish-ment, but such liaisons are no strange thing in any culture – think of the relationship between Lord Foster, the UK architect, and the sculptor Anthony Caro. The contacts have certainly won Dam commissions in the past, the sociability and the architecture coming together in Le Garage, a restaurant in Amsterdam's fashionable nineteenth-century Oud Zuid district.

Joop Braakhekke, a fashionable cook who has now become a TV per-sonality, commissioned the restaurant. It is a space with little presence on the street, so Dam has turned the interior in on itself so that mirrors and the lay-out of tables create quite enough sense of theatre. There are facetted mirrors round the walls and red banquettes framed with dark stained wood. The reference is French brasserie but it could be as easily a boudoir for actress Joan Collins at the height of her 1980s fame. Not that such mid-Atlantic garishness puts off the *crème* of the Dutch political, business and media establishment. Or Dam, for that matter, who takes friends and staff to the restaurant to both mingle with the celebrities and rub shoulders with everyone.

The social skills also won him more recent commissions. A house dat-ing from 1999 is located in a wooded suburb of Haarlem where all the houses are understated despite the obvious wealth of the owners. Dam has built several in the area over the past thirty years. This one is for a wealthy family. And yet the house – three storeys and three bedrooms – is really quite average in size for a suburban house but rather extraordinary for the architecture. Indeed the owner states: 'There are a lot of Dam's houses in the area but this is the best one.' The client obviously got what she wanted.

At first sight the house is an ordinary two-storey house with a pitched roof and walls of natural flagstones with white render above. It is set back and slightly raised from the adjacent road. But the appearance is somewhat deceptive. At the rear the house's three storeys are clearly visible, the garden being hollowed out to lower the level to that of the basement. The footprint of the house is far more than a mere oblong. Instead, walls are set at three degrees from the traditional ninety degrees. And the interior is a complex series of spaces and routes to accommodate an extended family.

The owner and her husband had recently married. The clients wanted a home that housed both of them comfortably yet one that could easily accommodate their extended families on occasional visits. The interior is therefore divided in two with the master bedroom over the kitchen and living room, with study below, and guest bedrooms over the entrance hall and TV room, with the utility room below. Two staircases rising through a central void and lit by a long, linear glass roof-light separate the two sides.

The complexity of the space becomes clear as soon as you enter the door. A path of marble slabs runs round the perimeter of the ground floor allowing the visitor a view of the living room, TV room and kitchen while making a tour. It is not quite what it seems, for the three-degree angle of the walls means the path becomes part of the geometry, moving you round the house and forcing you to take in views of the lushly planted, wooded garden beyond through big, exquisitely placed windows. This is luxury with substance rather than style.

But the social skills have also allowed him to continue to win commissions, despite the insults. So Dam's relationship with clients is more than one-off, working with his clients from one decade to another,

as they themselves grow their business or their aspirations. One client, a developer, asked Dam's office to design a floating headquarters for its accommodation. Pleased with that, the client then asked Dam to design a major apartment building.

The "Omval" housing contains four round towers beside the Amstel river with a courtyard block running parallel behind. The development is located close to the city centre beside Amsterdam's answer to London's Canary Wharf or Paris' La Défense – a major office development of Rembrandt Tower and Mondriaan Tower. The construction, so-called tunnelling technology, is typical for such buildings in the Netherlands with loadbearing party walls made in situ from reusable casts. The exterior is then clad in white masonry and timber window frames.

So far nothing special. The building becomes particular through the careful detailing of the glass balustrades and winter gardens where balconies are continuous to provide an escape route in case of fire. The result is that a glass layer in front of the masonry almost entirely covers the riverside elevation of the oblong block. The effect is like a still life, particularly during the day with all the workers away in their offices, with views straight into people's homes and their various arrangements and choices of furniture and plants in the numerous winter gardens.

There is little to indicate that this is for the rich apart from quite unnecessary gold balls placed at the

top of each stack of winter gardens. Far subtler is a moat between the road and the apartment block, which allows the lower levels of apartments to open out onto terraces while being beyond the reach of any unwelcome visitors. Not surprisingly, managers from the office complex behind or politicians have bought the apartments. Architects might ignore Dam but many of the inhabitants know who he is.

'Clients do not read architectural magazines,' he says. 'But they do watch television, for which I have just completed a series.' The programmes cover generic architectural types such as farm buildings or a post-war terraced house and are a way to tell the public 'how to use your eyes.' It has made him something of a Dutch celebrity. Dam's office has dominated the Dutch press only once before.

Back in the 1980s his designs for the Stopera, Amsterdam's opera house and city hall, attracted architectural insults and civic disobedience. 'The Stopera mobilised the activists – you could say it was the fag end of a period of a general unease in Europe both culturally and economically. The period was the finale of a whole series of city-led projects, like the building of the underground railway, all of which were accompanied by riots,' says Grafe. And the Stopera raised even more opprobrium for the symbolism of its constituent parts – the city hall represented the power of the city, the opera house the city's establishment.

'The criticism was never to do with the architecture,' says Cees Dam, 'it was always to do with the expense.' However, the events of those years made him close himself off from the media. 'I made a concrete wall around me,' he says 'and cultivated my clients.' It sounds a lonely position to take in a profession known for its sociability. But many clients admired his sticking power, facing all the adverse publicity while still getting it built. And it was not just private clients who were impressed. Even immediately after the Stopera saga, and right up to today, he still wins commissions from the public despite the furore.

Perhaps one of the finest commissions from that period is the Staten van Zeeland, the Provincial Council for Zeeland in Middelburg (1990). The council chamber, break out rooms and winter gardens are located in an existing abbey complex in the middle of the town. Dam's intervention is clearly modern without destroying the integrity of the old. The council chamber, for example, is located within a medieval hall yet the delegates' seats and leader's dais are made of steel panels, intentionally rusted. Lights hanging above are set within concentric rings of similar material. And, perhaps most clever of all, is the coats of arms hanging by the windows that double as acoustic panels.

The winter garden is a new extension, also in black steel, running between the assembly room and the garden. A rotunda indicates each end of the winter garden, their shape echoing that of a small, old shed made of brick hugging a wall of the garden out-side. Each rotunda contains a small circular banquette – one in red, the other in green – on which delegates can sit between debates and gaze out to the raised pool in the garden, also by Dam.

The chamber and winter garden make for a thoroughly decent intervention. And, most importantly, it was for a public client, proving that Dam's office, for all its ability to engage with the new economy of soulless multi-nationals, can still work within the rather more protected world inhabited by so many of his peers. Indeed he is still winning public commissions a decade later.

The Galleria and Wilhelmina-hof, an office development in Rotterdam's docklands area, accommodates two public bodies – the Court of Justice and another for the inland revenue – in an office block with a tower for speculative offices in front. The two different types of occupiers, one group very specific, the other very general, are given different forms, the block behind in red brick and the tower in front clad in precast concrete panels and glazed, coloured tiles. Both sets of buildings are connected by a steel and glass arcade that also links them to the new underground metro station linking to Rotterdam's city centre.

And you begin to understand why an architect, overlooked for so long by his architectural environment, is so appropriate for today's clients. Dam's media profile is now just one essential element for any architect competing for clients. And his influence on his practice where any intellectual aspirations have consistently taken second place to his desire to meet the client's brief is now ideal for the brash new-economy clients. 'I give the clients what they want,' Dam has said, but perhaps he also does what he wants.

1 From an interview between Diederik Dam and the author, Amsterdam, April 2000.
2 Research by David Bohmert of the University of Amsterdam.
3 Comment from the critic, Amsterdam, May 2000.
4 From an interview between Cees Dam and the author, Amsterdam, April 2000.
5 See page 7 in: Bart Lootsma, *Cees Dam*, Uitgeverij 010, Rotterdam 1989.

John Welsh is editor of *Property Week*, a weekly newspaper for the commercial property sector in the United Kingdom. He used to be editor of *RIBA Journal*, a monthly architectural magazine, published by the RIBA (Royal Institute of British Architects).

Proje
proje

Wilhelminatoren, Galleria en Centraal Belastingkantoor Wilhelminahof

Rotterdam

De Kop van Zuid is het meest ambitieuze stedenbouwkundige project waarmee Rotterdam een nieuwe functie geeft aan de voormalige havengebieden. Het is veel meer dan de revitalisering van een ongebruikt stuk stad; de schaal en de positie van het gebied op de zuidelijke Maasoever houdt een volledige herdefiniëring in van de identiteit van de oude havenstad. De Wilhelminahof was het eerste grote project in deze vernieuwingsoperatie. Door de ligging vlakbij de oprit van de nieuwe Erasmusbrug maakt de slanke, hoge Wilhelminatoren gecombineerd met een groot, bakstenen volume voorzien van een *urban window* en een robuuste, grijze kubus, duidelijk zichtbaar dat hier een nieuwe stedelijke omgeving vorm heeft gekregen.

De Wilhelminahof zelf is tot stand gekomen als een gemeenschappelijk project van de douane, de centrale belastingdienst en de rechtbank. Het werd ontworpen in samenwerking met Kraaijvanger Urbis (ontwerp gerechtsgebouw en justitiële diensten) en is opgevat als een manifest complex dat tegelijkertijd als een terughoudende achtergrond moest dienen voor de Wilhelminatoren die als een lantaarn aan het water staat. Daarnaast is bij het ontwerp nadrukkelijk rekening gehouden met de verschillende afstanden (veraf en dichtbij) waarvandaan de gebouwdelen bekeken kunnen worden.

Door de schaal en de verschijningsvorm neemt het geheel een vanzelfsprekende positie in. De Wilhelminatoren vormt een accent dat bemiddelt tussen de wijdere context van de stad en de schaal van het gebouw. Het *urban window*, de grote opening in het bakstenen kantoorgebouw, is vanaf grote afstand herkenbaar als een raam aan de rivier. De toren contrasteert hiermee door de compositie van twee verticale volumes: het ene dun en licht, het andere robuust en stevig. Dit verschil wordt geaccentueerd door de materiaaltoepassing.

Ook met de inrichting van het openbare gebied en de verblijfsruimten wordt het stedelijk karakter van het complex benadrukt. Voor de voetganger komt dit onder meer tot uitdrukking in het ontwerp van de verfijnd gedetailleerde, overdekte Galleria. De glazen overkapping – waarin ook de ingang van het metrostation is opgenomen – verbindt op straatniveau de verschillende onderdelen van het complex met elkaar. De overdekking van de Galleria bestaat uit vier schuine glasvlakken die als ijsschotsen omhoogrijzen en 'zweven' boven een stoere staalconstructie waarvan de bouten en de staalkabels zichtbaar zijn. Hiermee wordt onderstreept dat het geheel op onderdelen is ontworpen en dat de essentie is gelegen in het harmonieus samenvoegen van elk onderdeel tot een eenheid. Een kunst die een vakman, ambachtsman of traditionele smid verstaat.

De Galleria verschaft ook toegang tot een openbare buitenruimte: een plein gelegen onder het *urban window*. Vanaf dit plein zijn de verschillende gebouwdelen goed zichtbaar en valt de detaillering van de gevels van de manifeste bouwmassa's nadrukkelijk op.

Opdrachtgever
Ontwikkelingscombinatie Wilhelminahof, VOF Wilhelminatoren, Rotterdam

Locatie
Rotterdam, Wilhelminahof

Programma
42000 m² BVO Centraal belastingkantoor, 17600 m² BVO Wilhelminatoren, Galleria en aangebouwde parkeergarage

Realisatie
1994-1997

Ontwerpteam
Cees Dam, Diederik Dam, Edwin van Heijningen, Eric Priester

Projectarchitect
Eric Priester

Projectteam
Edgar Colin, Edwin van Heijningen, Susan van Hoof, John Kumpar, Gerard Maas, Roemer Pierik, Marc Stoop, Katharina Stühmeyer

Projectsamenwerking
Zwarts & Jansma, Amsterdam (metrostation), Kraaijvanger Urbis, Rotterdam (gerechtsgebouw en justitiële diensten)

Stedenbouwkundig plan
HOK, Londen

Landschapsarchitectuur
Adriaan Geuze (West 8, Landscape Architects, Rotterdam)

Architectural graphics
Josephine Dam-Holt

Beeldende kunst
Joost van den Toorn, Michael Jacklin, Norman Dilworth

Wilhelminatoren, Galleria and Wilhelminahof Central Tax Office
Rotterdam

The 'Kop van Zuid' is the highly ambitious urban development project whereby the City of Rotterdam is giving a completely new function to the former dockland area. It is much more than the regeneration of a derelict part of the city: the scale and the position of the development zone on the southern banks of the river Maas entails a complete redefinition of the identity of the old port city. The Wilhelminahof was the first large project in this renewal process. Because of its position close to the ramp leading up to the new Erasmus Bridge, the tall, slim Wilhelminatoren (Wilhelmina Tower) combined with a large, brick volume incorporating an urban window and a robust, grey cube make no secret of the fact that a new urban environment is being formed here.

The Wilhelminahof itself came about as a joint project between the Customs and Excise, the Central Tax Office and the lawcourts. The project was designed in collaboration with Kraaijvanger Urbis, who designed the courthouse and judicial services, and is conceived as a manifest complex that must at the same serve as a muted backdrop for the Wilhelminatoren, which stands like a lantern on the water. In addition, the various distances (near and far) from which the complex and its constituent buildings can be seen was given serious consideration in the design process.

Because of the scale and the form, the complex as a whole takes a self-evident position. The Wilhelminatoren forms an accent that mediates between the broader context of the city and the scale of the building. The 'urban window', the large opening in the brick office buildings, is recognizable from a long way away as a window onto the river. The tower contrasts with this through the composition with two vertical volumes – the one thin and light, the other robust and solid. This contrast is accentuated by the use of materials.

The layout of the public areas and informal spaces also emphasizes the urban character of the complex. For the pedestrian this is evident in the design of the sophisticatedly detailed covered Galleria. At street level, the glazed roof, which also incorporates the entrance to the metro station, interconnects the various parts of the complex. The roof of the Galleria consists of four slanting glass surfaces that rise up like ice floes and 'float' above a sturdy steel construction with visible bolts and steel cables. This underscores how the overall design is built up of different parts and that the essence lies in the harmonious assembly of each subsection into a unified whole. This is an art that a craftsman, artisan or traditional smithy understands.

The Galleria also gives access to a public outdoor space, a plaza beneath the urban window. There is a good view of the various parts of the building from this square, and the detailing of the facades of the manifest building volumes is particularly eye-catching.

Client
Ontwikkelingscombinatie Wilhelminahof, VOF Wilhelminatoren, Rotterdam

Location
Rotterdam, Wilhelminahof

Programme
42,000 m² GFA for the Central Tax Office, 17,600 m² GFA for the Wilhelminatoren, Galleria and built-on carpark

Construction
1994-1997

Design team
Cees Dam, Diederik Dam, Edwin van Heijningen, Eric Priester

Project architect
Eric Priester

Project team
Edgar Colin, Edwin van Heijningen, Susan van Hoof, John Kumpar, Gerard Maas, Roemer Pierik, Marc Stoop, Katharina Stühmeyer

Project collaborators
Zwarts & Jansma, Amsterdam (metro station), Kraaijvanger Urbis, Rotterdam (courthouse and judicial services)

Urban design
HOK, London

Landscape architecture
Adriaan Geuze (West 8, Landscape Architects, Rotterdam)

Architectural graphics
Josephine Dam-Holt

Visual art
Joost van den Toorn, Michael Jacklin, Norman Dilworth

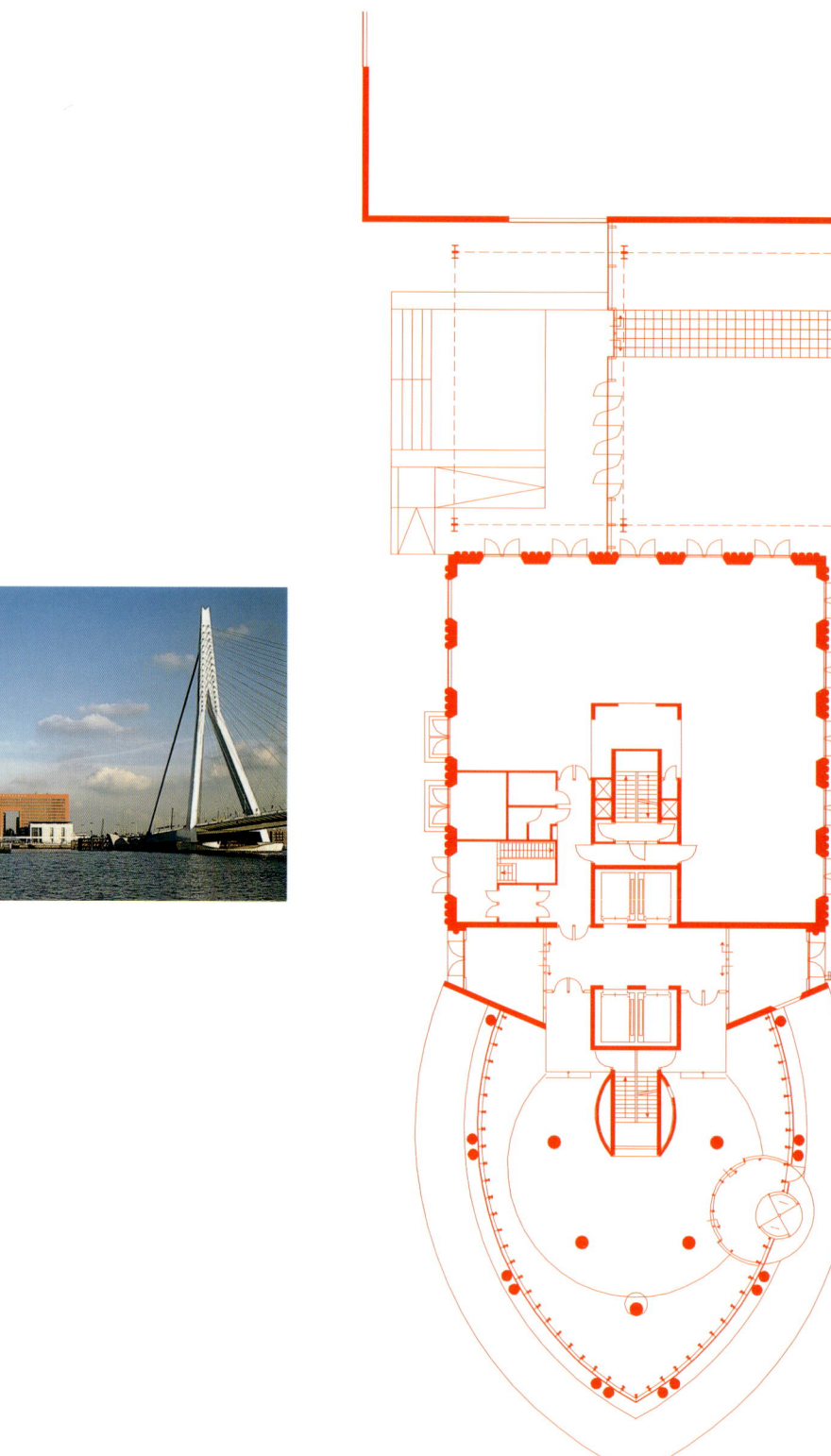

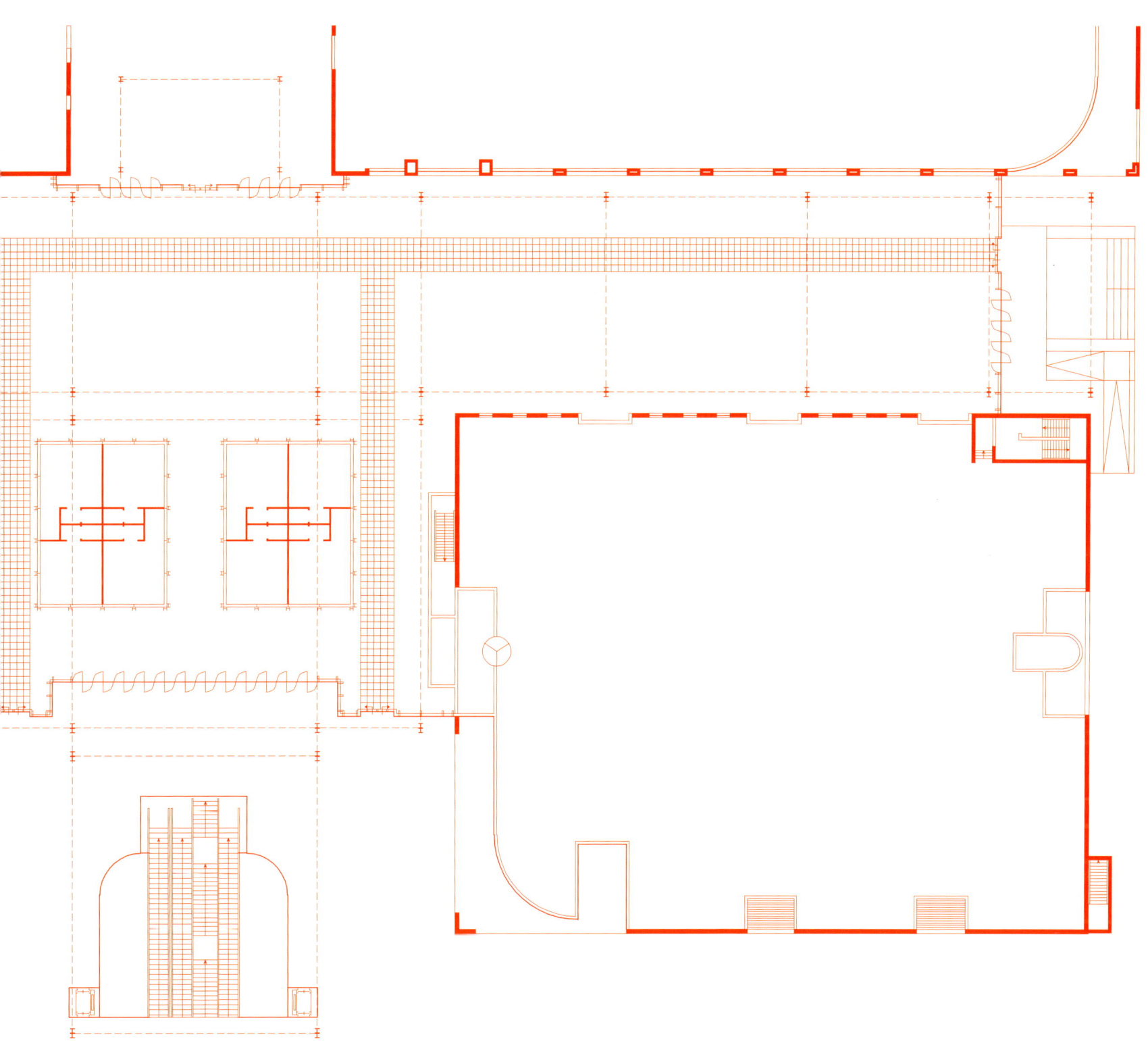

plattegrond begane grond/ground floor plan

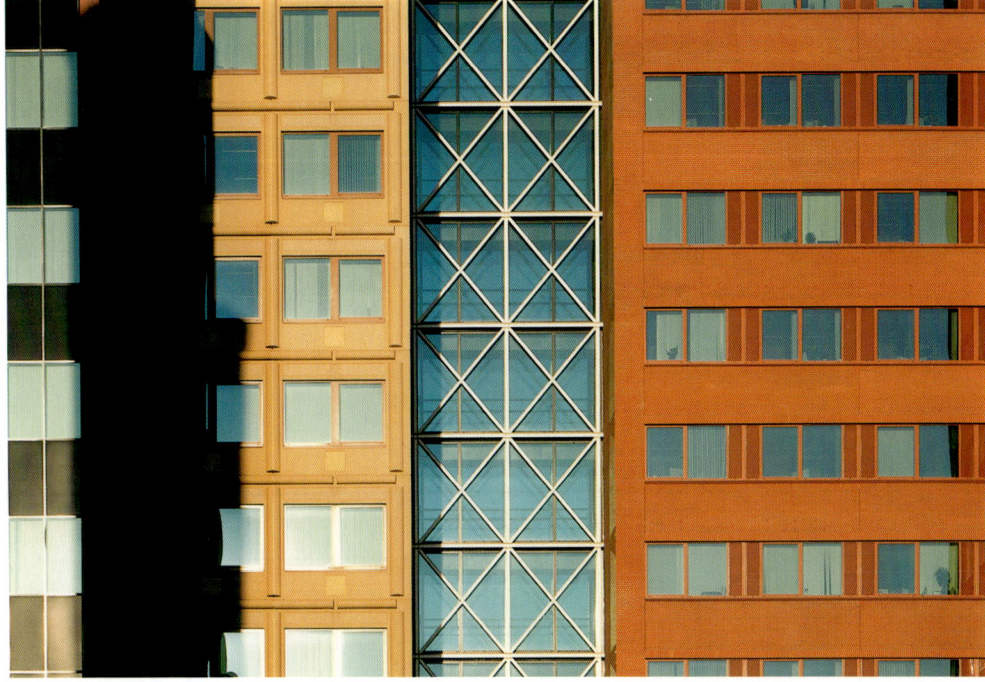

Woongebouw en stadsvilla's Omval
Amsterdam

Het wonen in een grootstedelijk gebouw met ruime appartementen kent in Nederland geen traditie. Tegen deze achtergrond is de Omval te beschouwen als het resultaat van een onderzoek naar de wijze waarop het wonen in de stad uitgewerkt kan worden in een 'stevig' gebouw en hoe de verhouding tussen het individuele en het gemeenschappelijke architectonisch gestalte kan krijgen. De Omval is beïnvloed door een cultuur van grootstedelijk wonen die meer bekend is uit Midden- en Zuid-Europese steden en vormt een duidelijk contrast met het patroon van individuele stadshuizen dat de oudere wijken van Amsterdam kenmerkt.

Deze opvatting over het wonen komt tot uitdrukking in de relatie van de woongebouwen met de formele en tegelijk neutrale inrichting van de open ruimten rondom een vijver. De architectonische orde berust op een klassieke compositie die de schaal van het gehele complex benadrukt.

De Omval is gesitueerd aan de oostelijke oever van de rivier de Amstel, dichtbij het trein- en metrostation Amsterdam-Amstel. Het maakt deel uit van een nieuwe ontwikkeling met kantoren en woningen in het gebied. De afzonderlijke gebouwen vormen gezamenlijk een herkenbaar geheel dat standhoudt in een omgeving die wordt gedomineerd door grote kantoorgebouwen, waaronder de hoogste kantoortorens van Amsterdam.

Vanaf de Amstel gezien vormt het grote U-vormige appartementengebouw de achtergrond van vier woontorens aan het water: het appartementengebouw fungeert als het decor van vier danseressen. Door de ronde vorm van de torens zijn vanuit het tussenliggende gebied tal van zichtlijnen naar het water mogelijk. De bovenbeëindiging van de torens bestaat uit stalen luifels die het zonlicht filteren. De ronde vorm wordt aan de straatzijde benadrukt door vrijstaande trappenhuizen van glazen bouwstenen en liftschachten.

Net als de woontorens staat ook het appartementengebouw aan het water. Een waterpartij in het middengebied, dat door het appartementengebouw wordt omsloten, zorgt hier voor de beoogde en wisselende reflecties van (zon)licht op de gevel en in de woningen. Het gevelbeeld aan deze zijde van het gebouw is verticaal geordend door zorgvuldig gedetailleerde, rijzige erkers – elk bekroond met een gouden bol. De gevel van het appartementengebouw aan de kant van de kantoorbebouwing is afstandelijker en de verticale, gebogen schermen rond de vluchttrappen zijn afgestemd op de grotere schaal van de omgeving.

Opdrachtgever
Sedijko bv, Amsterdam

Locatie
Amsterdam, Omval

Programma
38500 m² BVO 298 woningen, 9500 m² BVO inpandige parkeerplaatsen en berging

Realisatie
1992-1997

Ontwerpteam
Cees Dam, Diederik Dam, Christoph Grafe, Rob Eijgenbrood, Eric Schotte, Michiel Snelder

Projectarchitect
Rob Eijgenbrood

Projectmanager
Nico van der Horst

Projectteam
Wout Deckwitz, Harm Freymuth, Dennis de Jong, Martin van der Klooster, Kees de Kock, Joop Kok, Chris Koop, John Kumpar, Michiel Ritzen

Basisconcept
Dam en Partners Architecten

Stedenbouwkundig plan
ZZ+P, Amstelveen

Landschapsarchitectuur
dRO, Amsterdam

Omval apartment building and urban villas
Amsterdam

In the Netherlands there is not really a tradition of living in a metropolitan building with spacious apartments. Against this backdrop, the Omval can be regarded as the result of a study of the way in which living in the city can be elaborated in a 'substantial' building and how the relation between the individual and the communal can be captured in an architectural gestalt. The Omval is influenced by a culture of metropolitan living that is more familiar in Central- and Southern-European cities and stands in clear contrast to the pattern of individual townhouses that characterizes the older neighbourhoods of Amsterdam.

This view about ways of living is reflected in the relation of the residential buildings to the formal and simultaneously neutral layout of the open spaces around a pond. The architectural order is based on a classical composition that emphasizes the scale of the whole complex.

The Omval is situated on the eastern banks of the River Amstel, near the Amsterdam-Amstel railway and metro station. It is part of a new development with offices and dwellings in the area. The grouping of individual buildings forms a recognizable whole that stands its ground in an environment dominated by large office buildings, including the highest office towers in Amsterdam.

Viewed from the Amstel, the large, U-shaped apartment building forms the background for four residential towers on the water: the apartment building functions as the decor for four ballerinas. The round form of the towers means that there are many possible vistas of the water from the intermediate area. The towers are topped with steel awnings that filter the sunlight. On the street side, the rounded form is underscored by free-standing staircases of glass bricks and lift shafts.

The apartment building also stands on the water, just like the residential towers. A water feature in the central area, surrounded by the apartment building, provides the intentional and varying reflections of (sun)light on the facade and into the apartments. The exterior of this side of the building is vertically ordered by carefully detailed, tall oriels – each crowned with a golden sphere. The facade of the apartment building facing the office buildings is more detached, and the vertically bowed screens around the emergency stairs are attuned to the larger scale of the surroundings.

Client
Sedijko bv, Amsterdam

Location
Amsterdam, Omval

Programme
38,500 m² GFA for 298 residential units, 9,500 m² GFA for built-in parking places and storage space

Construction
1992-1997

Design team
Cees Dam, Diederik Dam, Christoph Grafe, Rob Eijgenbrood, Eric Schotte, Michiel Snelder

Project architect
Rob Eijgenbrood

Project manager
Nico van der Horst

Project team
Wout Deckwitz, Harm Freymuth, Dennis de Jong, Martin van der Klooster, Kees de Kock, Joop Kok, Chris Koop, John Kumpar, Michiel Ritzen

Basic concept
Dam & Partners Architects

Urban design
ZZ+P, Amstelveen

Landscape architecture
dRO, Amsterdam

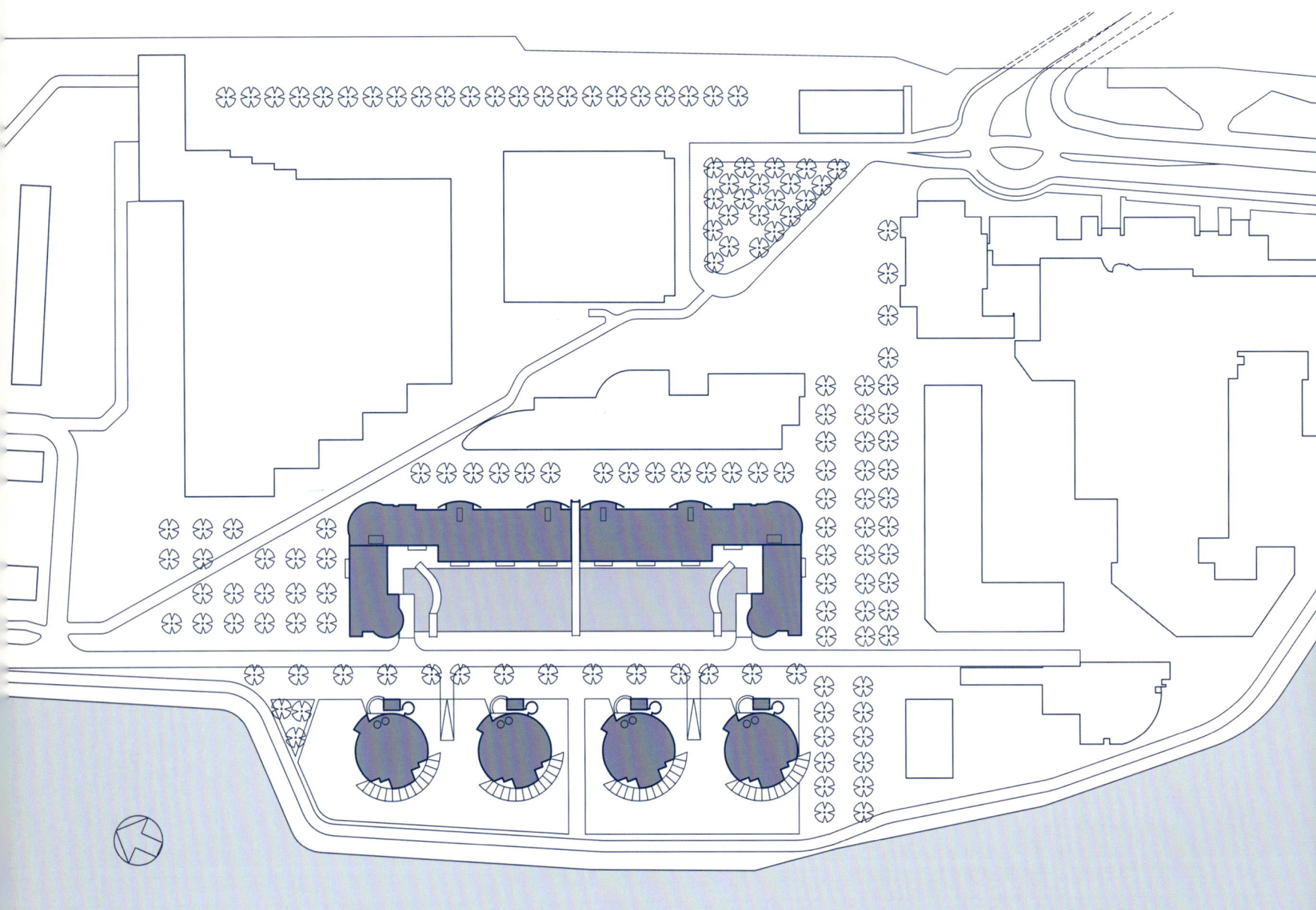

situatie/site plan

lengtedoorsnede/longitudinal section

westgevel/west facade

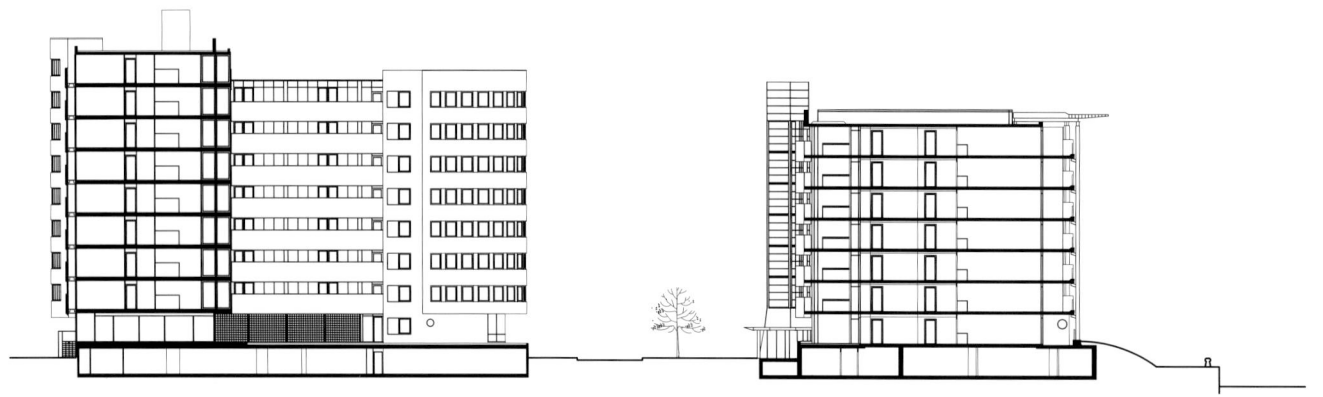

dwarsdoorsnede/cross section

oostgevel/east facade

Woonhuis Amstel

Amsterdam

Dit woonhuis met kantoor aan de
Amstel is vormgegeven als een eigentijdse interpretatie van het Amster-
damse grachtenpand. De nauwkeurige
studie van essentiële kenmerken van
dit specifieke gebouwtype komt tot
uitdrukking in de verticale organisatie
van woon- en werkruimten en de
behandeling van de gevel als een
dunne huid, een niet-dragende constructie die tussen het interieur en
de stedelijke ruimte bemiddelt.

De gevelindeling van het woonhuis is geïnspireerd op de maatverhou-
dingen die de traditionele grachten-
gevel kenmerken. Deze indeling is een
afspiegeling van de ordening van het
pand: een aan de straat gerelateerd
onderhuis met kantoor en op de
bovenverdiepingen woonvertrekken.

De uitwerking in staal, glas en
gestapelde, geglazuurde baksteen
benadrukt de functie van de gevel als
een niet-dragende huid. Ook de
modern vormgegeven bouwkundige
details, zoals de uitwerking van de
voordeur, de kroonlijst en de hijsbalk,
komen voort uit de traditie. Zo dient
een filigrane vakwerkconstructie als
hijsbalk en is de kroonlijst samengesteld uit een stalen buis en een
betonnen prefab-luifel, gestandaar-
diseerde industriële elementen.
De kroonlijst functioneert tevens
als balustrade voor het balkon van de
glazen bovenverdieping.

Opdrachtgever
Hillen en Roosen bv, Amsterdam

Locatie
Amsterdam, Amstel

Programma
598 m² BVO

Realisatie
1986-1987

Ontwerpteam
Cees Dam, Karel Bodon, Rob Eijgenbrood, Jan Tor

Projectmanager
Karel Bodon

Amstel house
Amsterdam

This house with office on the Amstel is designed as a contemporary interpretation of the Amsterdam canal house. The painstaking study of essential characteristics of this specific building type finds expression in the vertical organization of residential and work spaces and the treatment of the facade as a thin shell, a non-bearing construction that intermediates between the interior and the urban space.

 The facade partitioning of the house is inspired by the proportions that characterize the traditional canalside facade. This division reflects the arrangement of the building: a lower house with an office portion linked to the street, and living quarters on the upper floors.

 The construction in steel, glass and stacked, glazed bricks underscores the function of the facade as a nonstructural skin, at least in the sense of bearing weight. The modern design of the building details, such as the treatment of the front door, the cornice and the hoisting beam, are also traditional in origin. Thus a filigree half-timbered construction serves as the hoisting beam and the cornice is composed of standardized industrial elements, a steel tube and a concrete prefabricated penthouse. The cornice simultaneously functions as a balustrade for the balcony of the glassed-in upper storey.

Client
Hillen en Roosen bv, Amsterdam

Location
Amsterdam, Amstel

Programme
598 m² GFA

Construction
1986-1987

Design team
Cees Dam, Karel Bodon, Rob Eijgenbrood, Jan Tor

Project manager
Karel Bodon

maar schaal en ritme

Uitbreiding en interieur voormalige abdijcomplex, verbouwing entrees museum en provinciegebouw Staten van Zeeland, herinrichting plein
Middelburg

De verbouwing en uitbreiding van het abdijcomplex in Middelburg is het resultaat van een onderzoek naar de verhouding tussen de kwaliteiten van een historisch gegroeide context en een hedendaagse architectuuropvatting.

In Middelburg is gestreefd naar een reeks oplossingen, die de waarde van de bouwkundige structuur niet enkel handhaaft maar ook opnieuw zichtbaar maakt. Deze van oorsprong middeleeuwse structuur was in de negentiende eeuw en gedurende de Wederopbouw sterk veranderd.

De opdracht hield een ingrijpende aanpassing in van de ruimten die door het bestuur van Zeeland gebruikt worden, daarnaast werd een uitbreiding in de bestaande kloostertuin gevraagd. Hoewel de toevoegingen in hun verschijning en constructie zichtbaar van deze tijd zijn, is niet gestreefd naar scherpe tegenstellingen met het verleden. Door de zorgvuldige, hier en daar verrassende benadering van maat en ritme – soms in overeenstemming met het bestaande, soms juist hiermee contrasterend – draagt elk element een herinnering aan de oorspronkelijke laatgotische architectuur met zich mee, zonder zich daaraan te conformeren.

Een belangrijke ingreep in het oude gebouw voltrok zich in de abdijzaal, waar de Staten van Zeeland bijeenkomen. Om deze lange, smalle ruimte geschikt te maken voor een open vergaderopstelling – zonder de bouwkundige hoofdstructuur aan te tasten – zijn de vergaderplaatsen gerangschikt in cirkelsegmenten rond een centrum waarboven een enorme stalen kroonluchter hangt. De banieren met de wapens van de Zeeuwse gemeenten volgen het ritme van de vensters en fungeren tevens als akoestische panelen. Aan een van de korte zijden van de zaal is een perstribune toegevoegd.

De aanbouw in de kloostertuin heeft de vorm van een grote serre bestaande uit twee kleine paviljoens voor informele besprekingen. De vorm van de paviljoens verwijst naar de kleine toren van de oude theekoepel in de tuin, als een herkenbaar maar geenszins letterlijk citaat uit de historische context.

Met minimale bouwkundige ingrepen is de *routing* in het abdijcomplex grondig herzien. De ontvangstruimten zijn beter bereikbaar gemaakt: ze worden betreden door drie meter brede, ceremoniële deuren, waarin weer kleinere deuren voor het dagelijks gebruik zijn aangebracht.

Ook het Abdijplein, de centrale buitenruimte, is opnieuw ingericht. Een van de belangrijkste ingrepen is geweest het terugbrengen en situeren van alle entrees van de omliggende gebouwen. Hierdoor heeft het plein haar oorspronkelijke uitstraling en functie als centrale ontmoetingsplaats teruggekregen. Langs de randen van het Abdijplein markeert een hardstenen stoep de overgang tussen de gebouwen en de stedelijke ruimte. Het plein zelf is bestraat met traditionele klinkers en hardstenen lijnen die de ingangen van de gebouwen en toegangspoorten met elkaar verbinden.

Opdrachtgever
Provinciale Staten van Zeeland, Middelburg

Locatie
Middelburg, Abdij

Programma
2750 m² BVO renovatie, 125 m² BVO uitbreiding

Realisatie
Uitbreiding en verbouwing 1986-1990
Herinrichting plein 1991-1993

Ontwerpteam
Cees Dam, Rob Eijgenbrood, Edwin van Heijningen, Jan Tor

Projectarchitect
Rob Eijgenbrood

Projectteam
Edwin van Heijningen, Medard Jordan, Joop Kok, Gerard Maas, Guido Peters, Ingmar Schreiberlich

Stedenbouwkundig plan
Dam en Partners Architecten

Landschapsarchitectuur
Dam en Partners Architecten

Architectural graphics
Josephine Dam-Holt

Extension and interior of the former abbey complex, renovation entrances museum and government building of the Provincial Council of Zeeland, reprofiling courtyard
Middelburg

The renovation and extension of the abbey complex in Middelburg is the outcome of research into the relationship between the qualities of an historical context and a contemporary architectural interpretation.

The aim in Middelburg was to find a series of solutions that not only preserves the value of the architectural structure, but also makes it visible again. Originally dating from the Middle Ages, this structure was radically altered during the nineteenth century as well as during post-war reconstruction.

The brief involved a radical adaptation of the rooms used by the provincial government of Zeeland, and an extension into the existing cloister garden. Though the appearance and construction of the additions makes it obvious that they are modern, there is no attempt to contrast it sharply with the historic. Every element incorporates a recollection of the original late-Gothic architecture – through the precise, sometimes surprising approach to scale and rhythm, sometimes in harmony with the extant, sometimes in contrast to it – without necessarily conforming to it.

An important intervention in the old building was executed in the abbey hall, where the Council of Zeeland meets. In order to make this long, narrow space suitable for an open arrangement for meetings – without encroaching upon the main architectural structure – the seating is ranked in circular segments around a central point, with an enormous steel chandelier hanging above it.

The standards with the weapons of the municipalities of Zeeland follow the rhythm of the fenestration and at the same time function as acoustic panels. A press gallery has been added to one of the short sides of the hall.

The annex in the cloister garden has the form of a big conservatory consisting of two small pavilions for informal discussions. The form of the pavilions is a reference to the small tower of the old teahouse in the garden, a recognizable but by no means literal quotation from the historic context.

The circulation in the abbey complex was extensively revised with only minimal architectural interventions. The reception rooms have been made more accessible: they are entered via three metre-wide, ceremonial doors, which incorporate smaller doors for daily use.

The Abdijplein, or abbey courtyard, the central outdoor space, has also been redesigned. One of the most important alterations is the reinstatement and positioning of all the entrances to the buildings around this courtyard. The courtyard has thus regained its original character and function as a central meeting place. A bluestone stoop around the edges of the courtyard marks the transition from the buildings to the urban space. The courtyard itself is paved with traditional Dutch clinkers and bluestone lines that interlink the entrances to the buildings and the gateways.

Client
Provincial Council of Zeeland, Middelburg

Location
Middelburg, Abbey

Programme
2,750 m^2 GFA renovation, 125 m^2 GFA extension

Construction
Extension and renovation 1986-1990
Reprofiling courtyard 1991-1993

Design team
Cees Dam, Rob Eijgenbrood, Edwin van Heijningen, Jan Tor

Project architect
Rob Eijgenbrood

Project team
Edwin van Heijningen, Medard Jordan, Joop Kok, Gerard Maas, Guido Peters, Ingmar Schreiberlich

Urban design
Dam & Partners Architects

Landscape architecture
Dam & Partners Architects

Architectural graphics
Josephine Dam-Holt

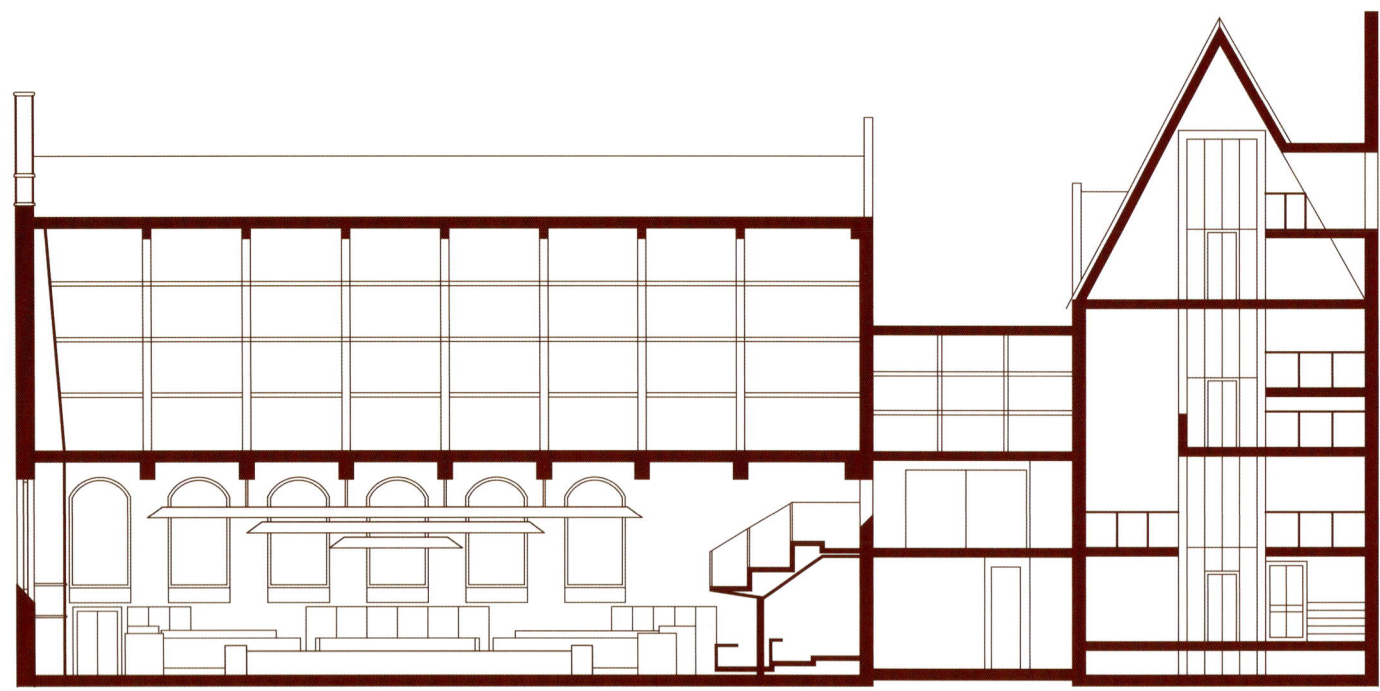

lengtedoorsnede Statenzaal/longitudinal section Council Hall

dwarsdoorsnede Statenzaal/cross section Council Hall

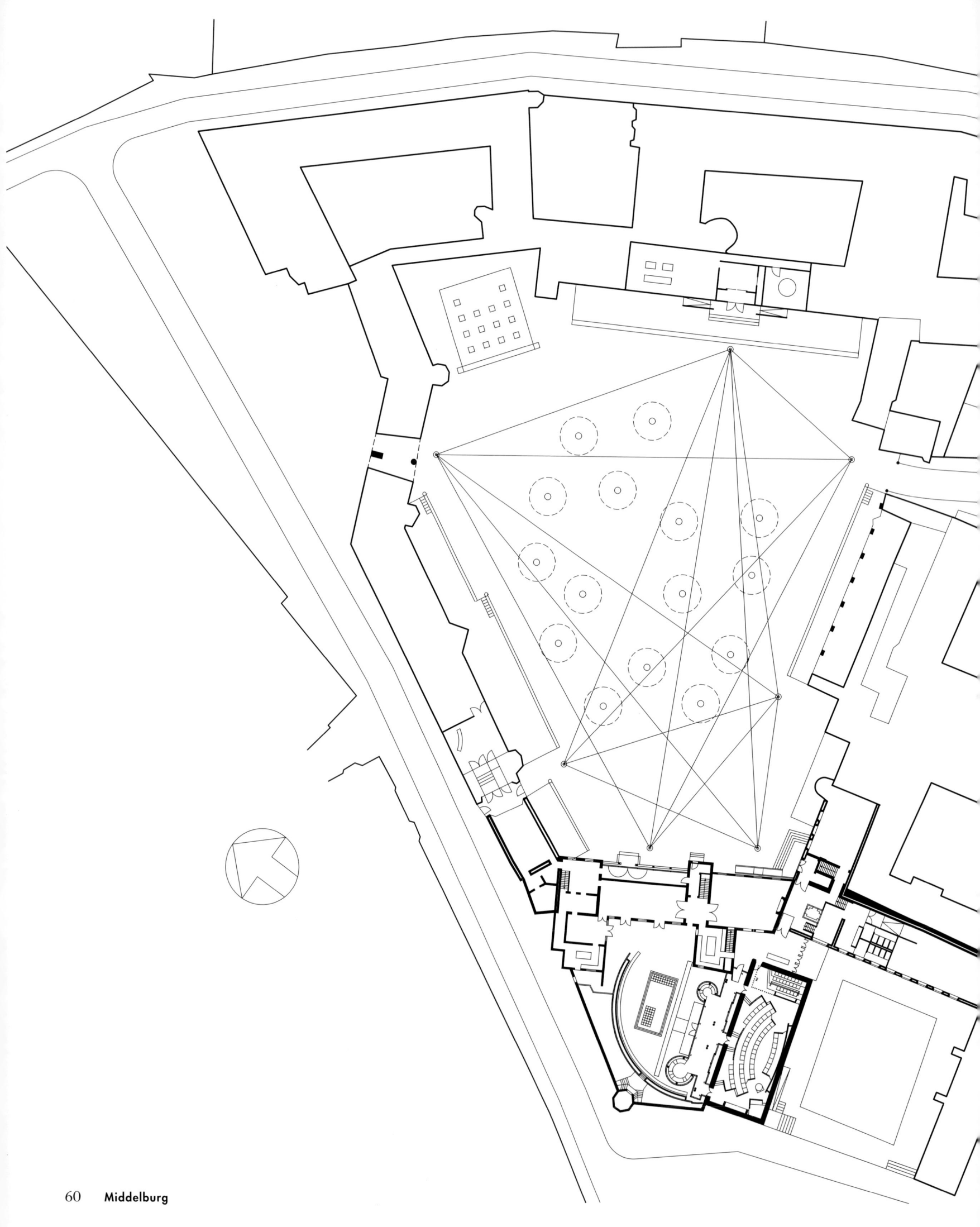

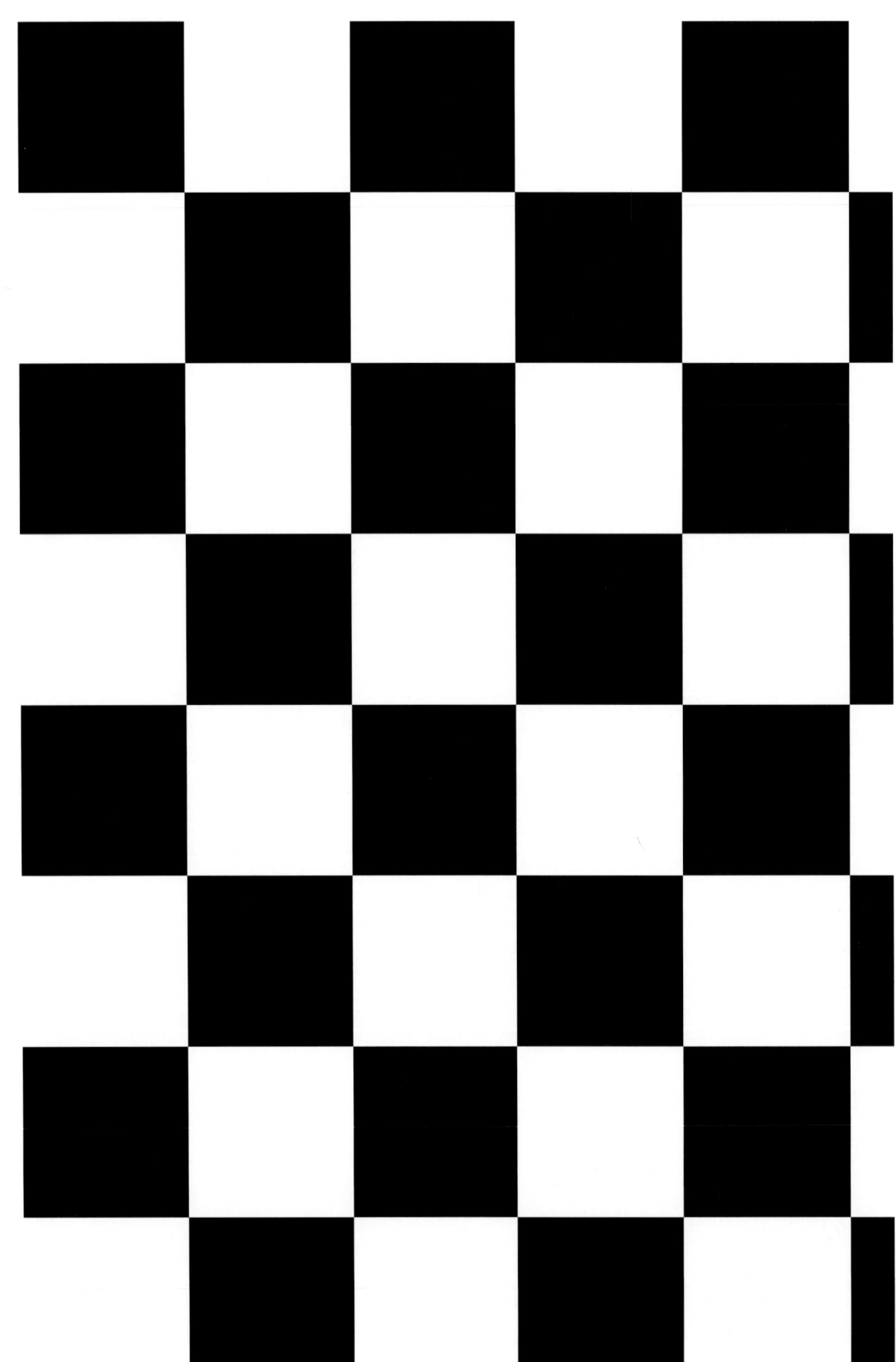

Kantoor en interieur gebouw op de Dam
Amsterdam

De Dam – de plek waar Amsterdam is ontstaan – is een van de belangrijkste stedelijke ruimten in Nederland. Het gebouw met kantoren en voorzieningen is gesitueerd naast het gebouw van warenhuis De Bijenkorf en moest zich in de context van het plein voegen en deze ruimtelijk begrenzen. Het resultaat is een herinterpretatie van de stedelijke gebouwen uit het begin van de twintigste eeuw die de open ruimte omsluiten. Het gebouw voegt zich onnadrukkelijk in de pleinwand en reageert op de gevelindeling van het naastgelegen warenhuis door een omgekeerde indeling. Op de begane grond zijn winkels en een grand café gevestigd, daarboven zijn de kantoorruimten gesitueerd. De bovenste twee verdiepingen zijn uitgewerkt als een glazen dakopbouw. Hier bevinden zich vergaderzalen met een weids uitzicht over de daken van het centrum van Amsterdam.

In de gevel komt de spanning tussen de binnenwereld en de publieke buitenkamer tot uiting. Boven een glazen plint verschijnt de gevel als een onopvallend en plat vlak dat ondergeschikt is aan de ruimte van het plein. Het gebouw voegt zich daarmee in de wand van bekende en onbekende gebouwen die de Dam omgeeft. De ramen zitten op regelmatige afstanden als gaten in dit vlak waardoor het gebouw zijn grootstedelijke schaal laat zien en tegelijk nuanceert.

De façade van beige natuursteen wordt onderbroken door een verticale glazen insnijding bij het trappenhuis en de liften. Hier wordt het binnenleven van het gebouw vanaf het plein zichtbaar. De openingen in de natuurstenen gevel zijn uitgewerkt als scherp uitgesneden gaten waarin kozijnen verdiept achter het gevelvlak liggen.

Opdrachtgever
Bouwmaatschappij Verwelius bv, Amsterdam

Locatie
Amsterdam, Dam

Programma
5470 m² BVO kantoren

Realisatie
1987-1991

Ontwerpteam
Cees Dam, Bert Maessen

Projectarchitect
Bert Maessen

Projectmanager interieur
Kees de Kock

Projectteam
Rob Eijgenbrood, Henk Heijink, Kees de Kock, Frank Lieuw

Architectural graphics
Josephine Dam-Holt

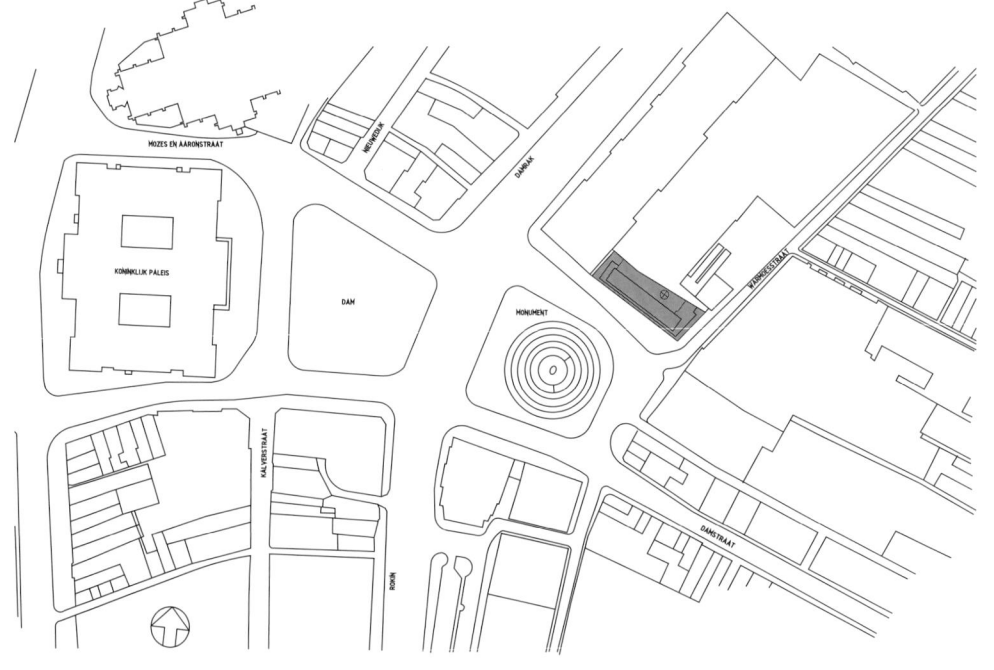

situatie/site plan

Office and interior building on Dam Square
Amsterdam

The Dam, the place where Amsterdam originated, is one of the most symbolic urban spaces in the Netherlands. The building with offices and facilities is situated next to the Bijenkorf department store and had to integrate itself in the context of the square at the same time as being part of its spatial boundary. The result is a re-interpretation of the metropolitan buildings from the early twentieth century that encircle the open space. The building is subtly integrated in the wall of buildings on the perimeter of the square, and responds to the facade of the neighbouring department store through an inversion of the store facade's layout. There are shops and a grand café on the ground floor, above which the office spaces are situated. The top two floors are elaborated as a glazed roof structure, accommodating the conference rooms with a panoramic view across the rooftops of Amsterdam's city centre.

The facade captures the tension between the inner world and the public outdoor space. Above a glazed plinth, the facade appears like an unprepossessing and flat surface that is subject to the open space on the square. The building thus integrates itself in the wall of famous and less-familiar buildings that surround the Dam. The fenestration is regular, like gaps in this surface, lending the buildings its metropolitan scale while simultaneously qualifying and inflecting it.

The facade of beige natural stone is interrupted by a vertical glazed incision next to the staircase and the lifts. This makes the building's interior life visible from the square. The openings in the natural stone facade are developed as sharply carved apertures, within which the window casings are set back from the outer facade.

Client
Bouwmaatschappij Verwelius bv, Amsterdam

Location
Amsterdam, Dam

Programme
5,470 m² GFA offices

Construction
1987-1991

Design team
Cees Dam, Bert Maessen

Project architect
Bert Maessen

Project manager, interior
Kees de Kock

Project team
Rob Eijgenbrood, Henk Heijink, Kees de Kock, Frank Lieuw

Architectural graphics
Josephine Dam-Holt

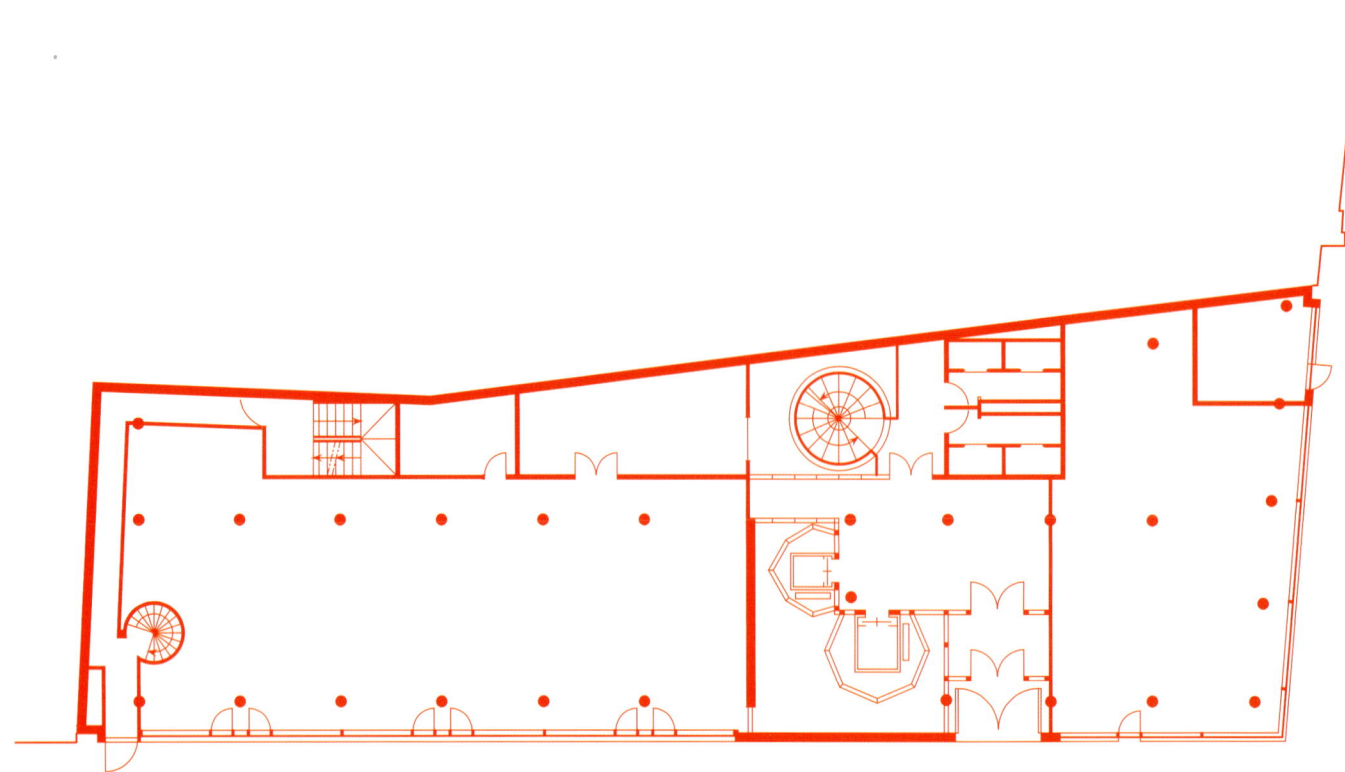

plattegrond begane grond/ground floor plan

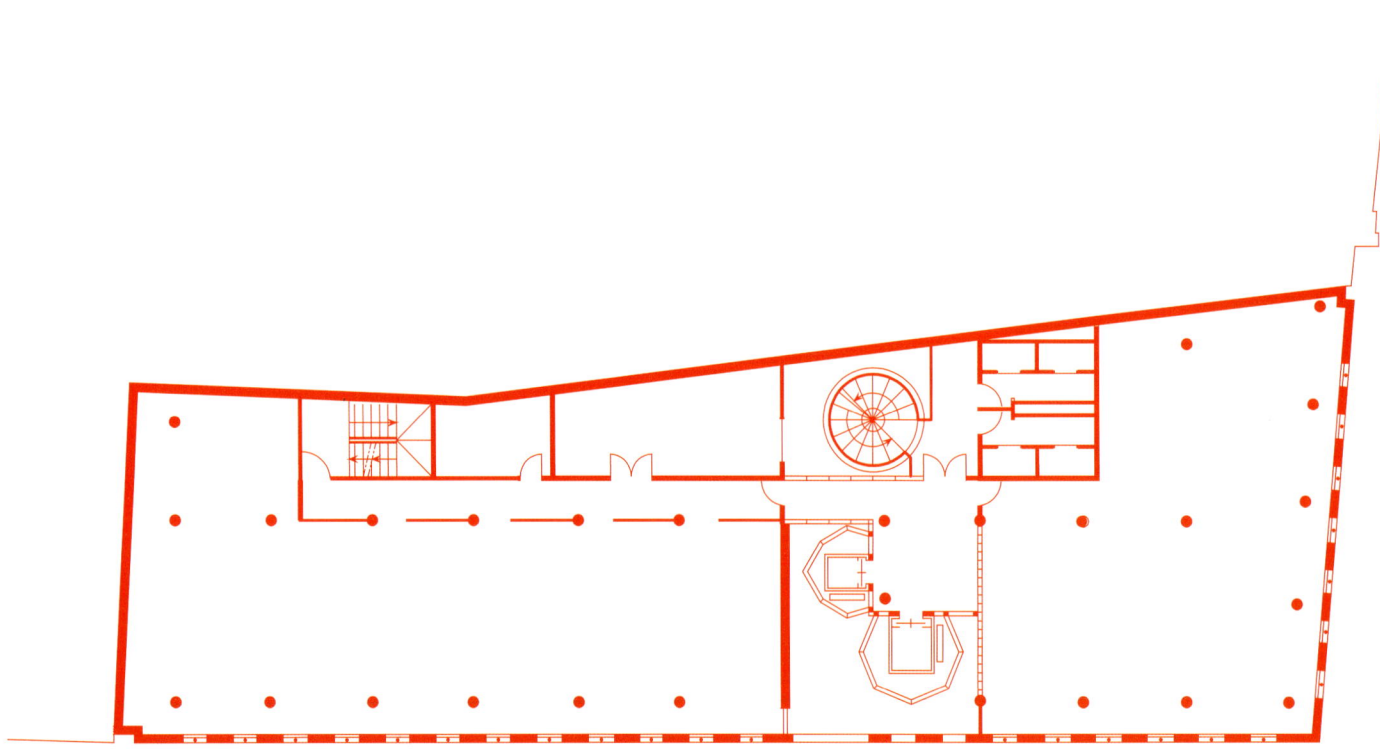

plattegrond standaardverdieping/standard floor plan

gevel/facade Dam

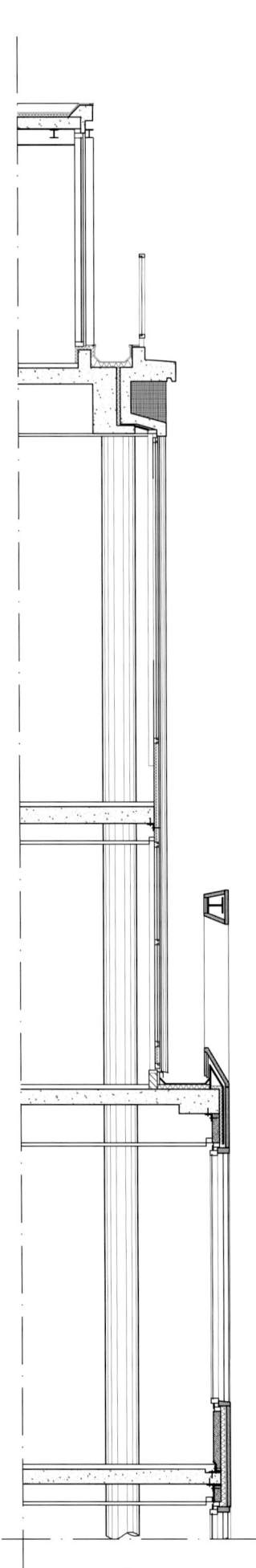
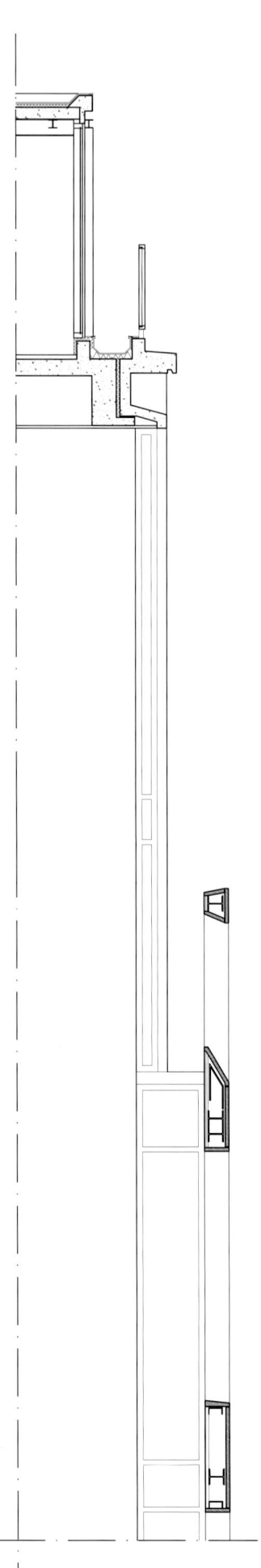

geveldetails/details facade

Woongebouw met winkels Spuihof
Den Haag

Gelegen op een van de drukste punten van Den Haag, op de hoek van Spui en Grote Marktstraat en schuin tegenover het stadhuis en de bibliotheek, geeft de Spuihof in een groot hybride gebouw uitdrukking aan de combinatie van winkels en woningen en aan de verhouding tussen het individuele wonen en de context van een stadscentrum. De doelstelling om het stedelijke karakter van de locatie te benadrukken is hier vertaald in het ontwerp van een robuust gebouw, dat enerzijds terughoudend overkomt en anderzijds een herkenbare identiteit heeft.

De stedenbouwkundige opgave voor het complex was tweeledig: het herstellen van de oorspronkelijke rand van het bouwblok en het markeren van de hoek met een verticaal accent. Het gerealiseerde complex volgt tot de gemiddelde bouwhoogte van zes bouwlagen de rooilijn. Vanwege de grotere schaal van de bebouwing langs de Grote Marktstraat is het volume aan die kant hoger dan langs het Spui en vormt daardoor de overgang tussen de oude binnenstad en de grootschalige gebouwencomplexen tussen het stadhuis en het verder gelegen Haagse Centraal Station. De hoge hoekbebouwing is scherp aangezet en staat als een mes tegenover de 'taart'-ronding van de bibliotheek. De gebouwdelen aan de Grote Marktstraat en het Spui zijn los van elkaar gehouden; vanaf de tweede verdieping is er een verbinding tussen de straat en het binnenleven van het blok.

De straatgevels tonen zich als een neutraal raster met grote, identieke raamopeningen. Door middel van het materiaalgebruik hebben de gevels een eigen karakter gekregen. De houten kozijnen in de gevels van de onderste bouwlagen met winkels, geprojecteerd op de rooilijn, fungeren als lijsten en leggen een relatie met de straat. De terugliggende gevel van de hogere bouwlagen met woningen langs de Grote Marktstraat verwijst naar de grotere schaal van de stad; een omlijsting van aluminium – in dezelfde grijze kleur als de bakstenen – geeft de openingen een regelmatig karakter.

De entree voor de woningen bevindt zich aan het Spui en is opgenomen in een twee verdiepingen hoge reliëfsculptuur waarin ook de expeditiedeur voor de winkels is opgenomen. Door deze ingreep is de toegang letterlijk uitvergroot en geaccentueerd als een element op de schaal van het hele gebouw. Een entreehal leidt naar de lift die de bewoners naar het open dek op de tweede verdieping brengt. Dit dek fungeert als een gemeenschappelijke hof en als overgang tussen het privé-domein van de woningen en de openbaarheid van de stad.

Opdrachtgever
Ballast Nedam Projectontwikkeling bv, Capelle a/d IJssel, Stichting Pensioenfonds voor de Bouwnijverheid, Amsterdam

Locatie
Den Haag, Spui / Grote Marktstraat

Programma
4200 m² BVO waarvan 3300 m² winkelruimte en 74 woningen

Realisatie
1994-1997

Ontwerpteam
Cees Dam, Diederik Dam, Rob Eijgenbrood, Christoph Grafe

Projectarchitect
Rob Eijgenbrood

Projectteam
Pim Baas, Steef Brasser, Wout Deckwitz, Mischa van Eekelen, Harm Freymuth, Ron Keesom, Martin van der Klooster, Joop Kok, Chris Koop, Gerard Maas, Chris Swagers

Architectural graphics
Josephine Dam-Holt

Spuihof residential complex with shops
The Hague

The Spuihof is situated at one of the busiest points in The Hague, on the corner of Spui and Grote Marktstraat diagonally opposite the city hall and library. The design arranges the combination of shops and dwellings in a large hybrid building and reflects the relationship between private life and the context of the city centre. The objective of emphasizing the urban character of the location is here translated in the design of a robust building, which on the one hand comes across as reserved, and on the other has a distinctive identity.

The urban planning brief for the complex was twofold: the restoration of the original perimeter of the street block and the demarcation of the corner with a vertical accent. The finished complex follows the building line with an average height of six storeys. The building volume along the Grote Marktstraat, where the buildings are of a larger scale, is higher than along the Spui. It thereby forms a transition between the old city heart and the large-scale building complexes between the city hall and The Hague's Centraal Station railway station further away. The high corner construction is sharply edged, and looks like a knife against the 'tart' curving lines of the opposite library. The parts of the building overlooking the Grote Marktstraat and the Spui are kept separate. From the second storey there is a connection between the street and the interior life of the block.

The street-front facades are like a neutral framework, with large, repetitive fenestration. The use of materials has given the facades their own distinctive character. The wooden casings in the facades of the lowest storeys with shops, projected on the building line, function as frames, and establish a relationship with the street. The facade of the upper storeys with apartments along the Grote Marktstraat is set back from the street-level building line, and refers to the larger scale of the city. Aluminium framing in the same grey colour as the brickwork gives the openings a regular character.

The entrance to the apartments is situated on the Spui and is incorporated in a two-storey-high relief sculpture, which also includes the dispatch and delivery access for the shops. This intervention literally magnifies and accentuates the entrance, making it an element on the scale of the whole building. An entrance hall leads to the lift, which brings the residents to the open deck on the second floor. This deck functions as a communal courtyard and as a transitional zone between the private domain of the dwellings and the public nature of the city.

Client
Ballast Nedam Projectontwikkeling bv, Capelle a/d IJssel, Stichting Pensioenfonds voor de Bouwnijverheid, Amsterdam

Location
The Hague, Spui / Grote Marktstraat

Programme
4,200 m² GFA of which 3,300 m² shop space and 74 dwellings

Construction
1994-1997

Design team
Cees Dam, Diederik Dam, Rob Eijgenbrood, Christoph Grafe

Project architect
Rob Eijgenbrood

Project team
Pim Baas, Steef Brasser, Wout Deckwitz, Mischa van Eekelen, Harm Freymuth, Ron Keesom, Martin van der Klooster, Joop Kok, Chris Koop, Gerard Maas, Chris Swagers

Architectural graphics
Josephine Dam-Holt

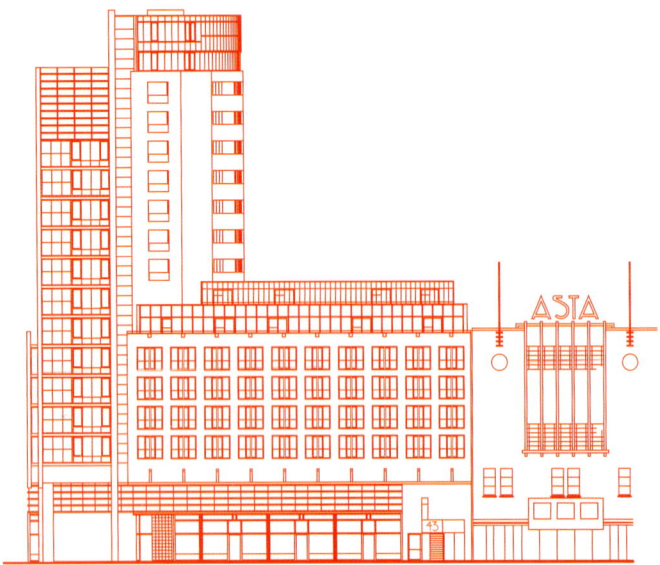

gevel/facade Spui

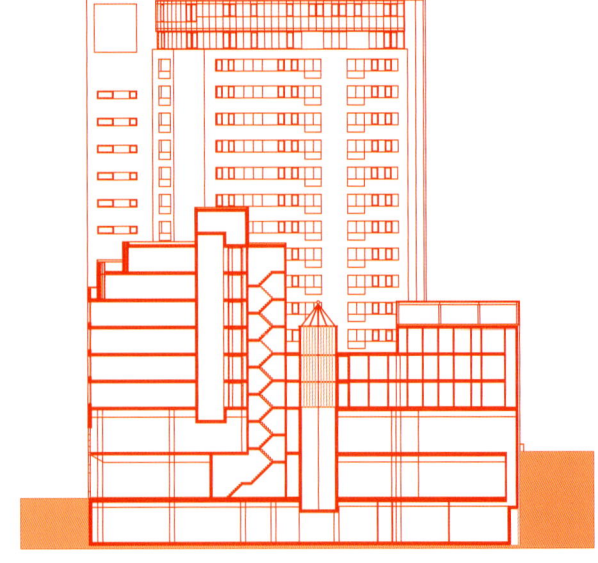

doorsnede hof/section courtyard AA'

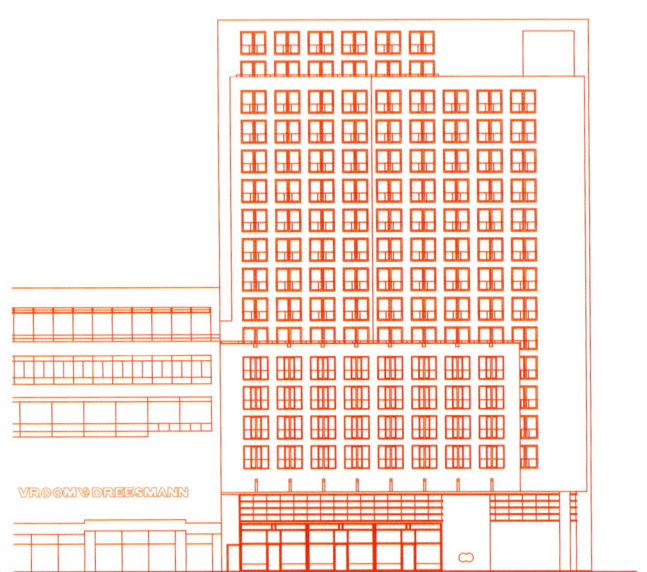

gevel/facade Grote Marktstraat

doorsnede hof/cross section courtyard BB'

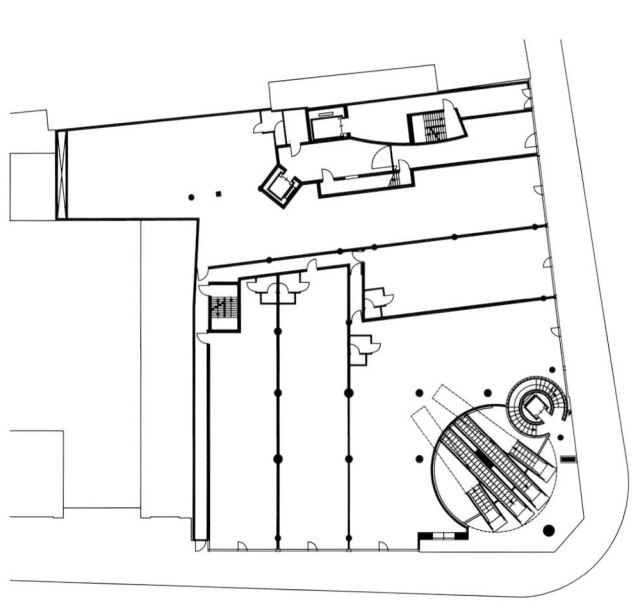

plattegrond begane grond/ground floor plan

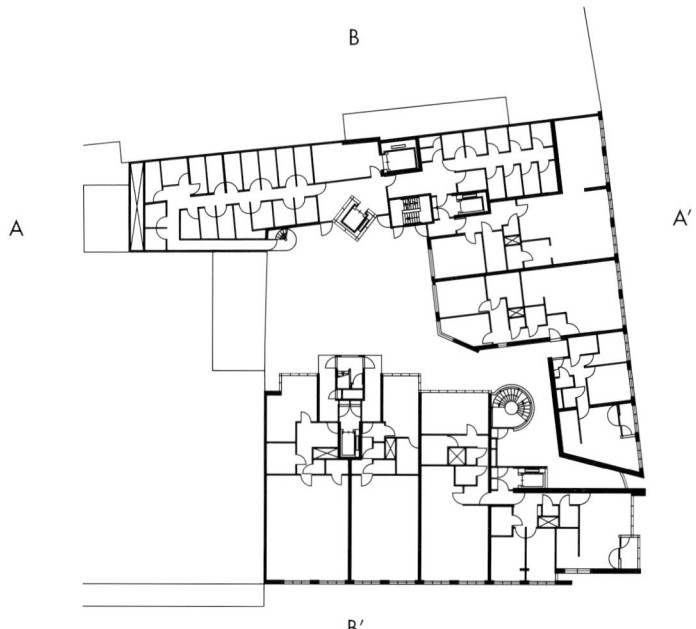

plattegrond tweede verdieping (hofniveau)/second floor plan (courtyard level)

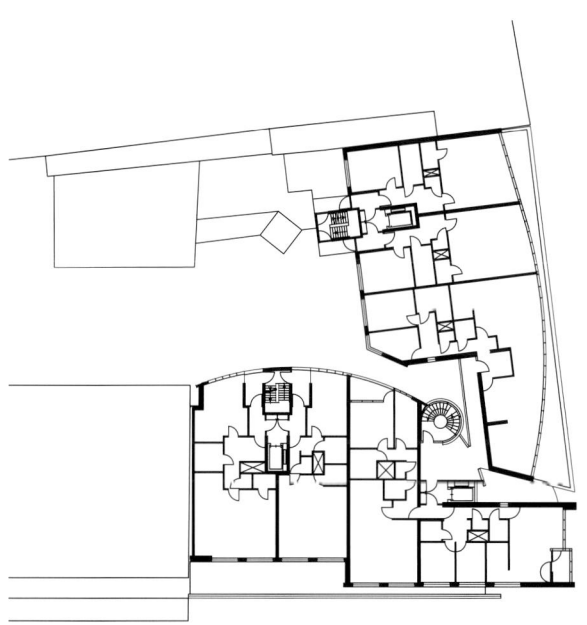

plattegrond zesde verdieping/sixth floor plan

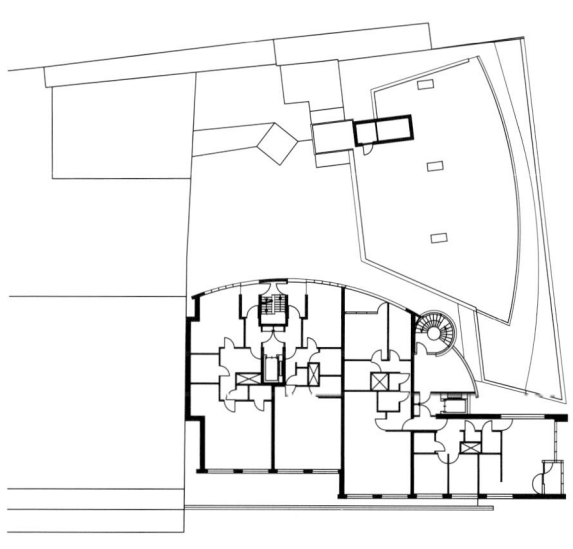

plattegrond achtste verdieping/eighth floor plan

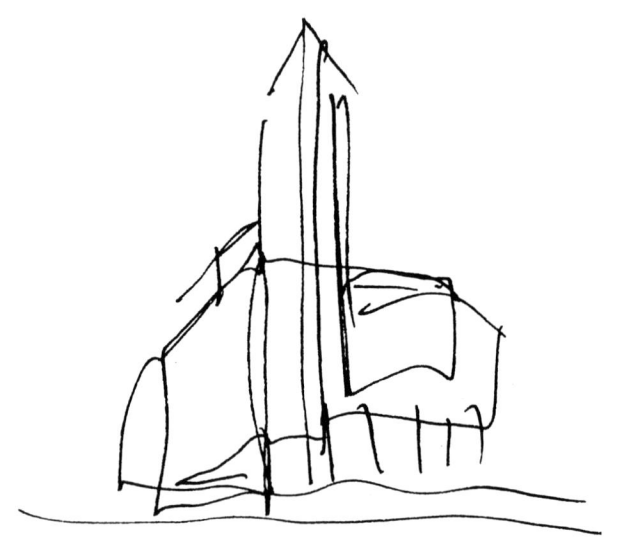

Woontoren Blaak (prijsvraag)
Rotterdam

Het prijsvraagontwerp voor deze woontoren is gesitueerd op een klein terrein op de hoek van Blaak en Plein 1940. De toren is geprojecteerd tegenover het door de Russische kunstenaar Ossip Zadkine vervaardigde beeld ter nagedachtenis aan het bombardement op Rotterdam.

Vanuit stedenbouwkundig oogpunt heeft de toren een beeldbepalend silhouet en voegt het zich als vanzelfsprekend in de skyline van de stad. De vorm van de toren kan worden gezien als de ranke stengel van een plant waaraan plaatselijk de aanzetten van bladeren of bloemen zichtbaar worden.

De bijzondere vormgeving van het exterieur van de toren, waarvan de constructie doorgaand is, wordt gekenmerkt door zich verwijdende, 'in de vlucht geplaatste', glazen gevels.

Bij het ontwerp voor de toren ligt de nadruk op de diversiteit aan woningtypes en -groottes, zoals dat in het programma van wensen was geformuleerd. De maat van de woning is afleesbaar in de gevel: per gevelsegment worden de woningen naar boven toe steeds groter.

Opdrachtgever
BOAG Bouw Advies Groep, Rotterdam

Locatie
Rotterdam, Blaak

Programma
31500 m² BVO kantoren en woningen

Ontwerp
1996

Ontwerpteam
Cees Dam, Diederik Dam, Christoph Grafe

Stedenbouwkundig plan
DS+V, Rotterdam

Blaak apartment tower block (competition entry)
Rotterdam

The competition design for this apartment tower is situated on a small plot on the corner of Blaak and Plein 1940. The tower is placed opposite the sculpture in memory of the wartime bombing of Rotterdam, a work by Russian artist Ossip Zadkine.

From an urban planning perspective, the tower has an assertive silhouette and occupies a self-evident place in the city skyline. The form of the tower can be seen as the thin stalk of a plant on which the occasional shoots of leaves or flowers are visible.

The unusual design of the tower's exterior, the construction of which is through-composed, is characterized by unfolding, randomly placed glass facades.

The focus in the design of the tower is on the diversity of dwelling types and sizes, as formulated in the programme of requirements. The relative sizes of the dwellings can be read in the facade: the size of the dwellings increases per ascending segment.

Client
BOAG Bouw Advies Groep, Rotterdam

Location
Rotterdam, Blaak

Programme
31,500 m² GFA, offices and apartments

Design
1996

Design team
Cees Dam, Diederik Dam, Christoph Grafe

Urban design
DS+V, Rotterdam

Woningen, winkels en kantoren

Scheveningen

Met een plein en een ensemble van gebouwen is de rafelige context van een voormalig parkeerterrein in het centrum van de badplaats Scheveningen getransformeerd tot een gebied met een herkenbaar stedelijk karakter. Het complex heeft aan de lange zijde van het plein op straatniveau een arcade met winkels en daarboven acht verdiepingen met appartementen. Aan de oostzijde ligt een lagere strook van vijf woonlagen. Het merendeel van de woningen wordt ontsloten door entrees die aan de binnenzijde van het plein zijn gelegen.

Twee woontorens van 83 en 56 meter markeren de korte zijde van het plein. Ze vormen de bakens en de krachtige stedenbouwkundige elementen voor twee hoofdverkeerswegen die naar het plein voeren. Beide torens staan als zeer individuele en autonome objecten tegen de achtergrond van de lagere bebouwing. Ze zijn bekleed met betonnen gevelelementen voorzien van geometrische decoraties. De woningscheidende wanden zijn op de buitengevel zichtbaar gemaakt als verticale witte lijnen. Voor de bovenbeëindiging van de twee torens zijn uitgebreide architectonische studies verricht. De hoogste toren toont zich als een compositie van doorlopende vlakken die zich lijken te verweven met de zeelucht en is geïnspireerd op wolkenkrabbers uit het begin van de twintigste eeuw. Deze toren wordt bekroond met een blinkende gouden bol. De andere, lage toren heeft een contrasterende bovenbeëindiging in de vorm van een plat dak met overstekken.

Opdrachtgever
Proper Stok Woningen bv, Rotterdam

Locatie
Scheveningen, Palaceplein / Utrechtsestraat / Zwolsestraat

Programma
295 woningen, 2180 m² BVO winkel en horecaruimte, 1080 m² BVO kantoorruimte

Realisatie
1992-1998

Ontwerpteam
Cees Dam, Diederik Dam, Roberto Cavallo, Rob Eijgenbrood

Projectarchitect
Rob Eijgenbrood

Projectteam
Marcel Buis, Edgar Colin, Mischa van Eekelen, Edwin van Heijningen, Joop Kok, Tonko Leemhuis, Guido Peters, Ingmar Schreiberlich, Katharina Stühmeyer

Stedenbouwkundig plan
Dam en Partners Architecten

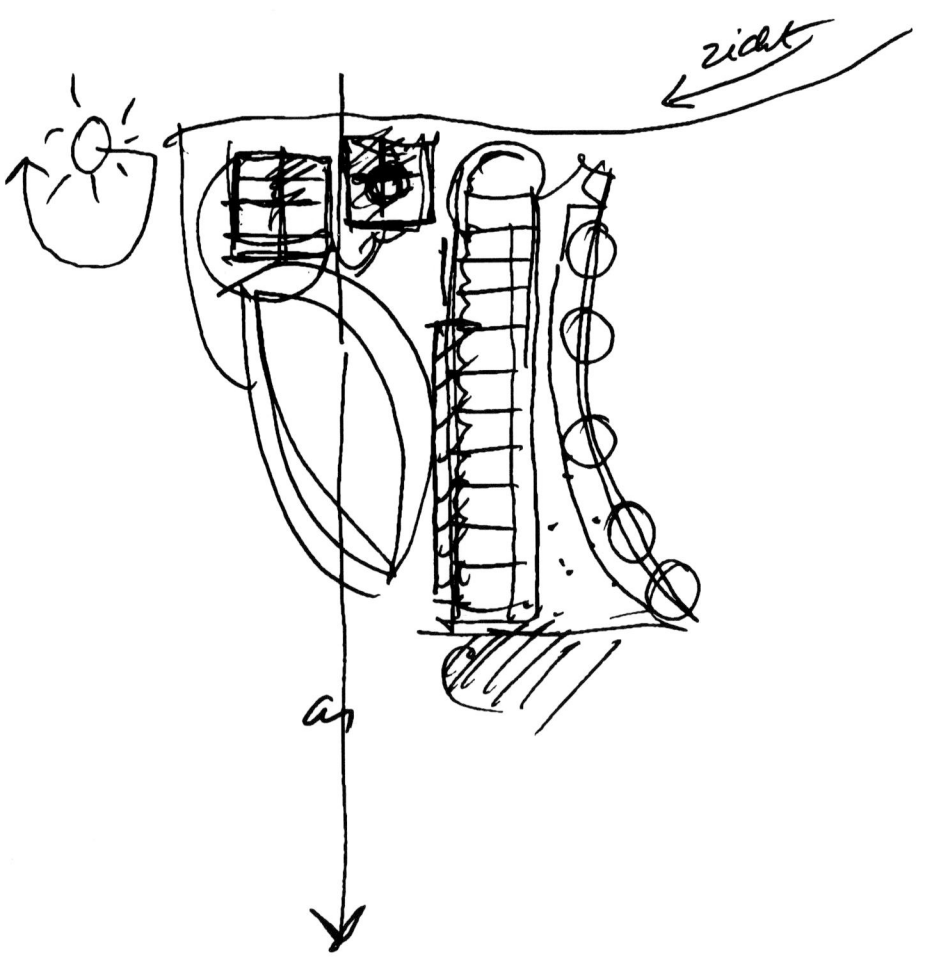

Housing, shops and offices
Scheveningen

A plaza and an ensemble of buildings have transformed the frayed context of a former carpark in the centre of the seaside resort of Scheveningen into an area with a distinctive urban character. At street level on the long side of the plaza the complex has an arcade with shops and eight storeys with apartments. On the eastern side stands a lower band with five-storey residential blocks. The majority of the residential units are surrounded by entrances opening onto the plaza.

Two apartment towers, 83 and 56 metres high, mark the short side of the plaza. They form the beacons and forceful, urban design elements for two main thoroughfares that lead to the plaza. Both towers are highly individual and autonomous objects against the background of the lower buildings. They are clad with concrete facade elements complete with geometric decoration. The partition walls between the units are made visible on the front facade as vertical white lines. Extensive architectonic studies were carried out to decide on the pinnacle of the two towers. The highest tower looks like a composition of consecutive surfaces that seem to interweave with the sea air, inspired by early twentieth century skyscrapers. This tower is crowned with a shining golden sphere. The other, low tower has a contrasting pinnacle in the form of a flat roof with projecting eaves.

Client
Proper Stok Woningen bv, Rotterdam

Location
Scheveningen, Palaceplein / Utrechtsestraat / Zwolsestraat

Programme
295 residential units, 2180 m² GFA shop and restaurant accommodation, 1080 m² GFA office space

Construction
1992-1998

Design team
Cees Dam, Diederik Dam, Roberto Cavallo, Rob Eijgenbrood

Project architect
Rob Eijgenbrood

Project team
Marcel Buis, Edgar Colin, Mischa van Eekelen, Edwin van Heijningen, Joop Kok, Tonko Leemhuis, Guido Peters, Ingmar Schreiberlich, Katharina Stühmeyer

Urban design
Dam & Partners Architects

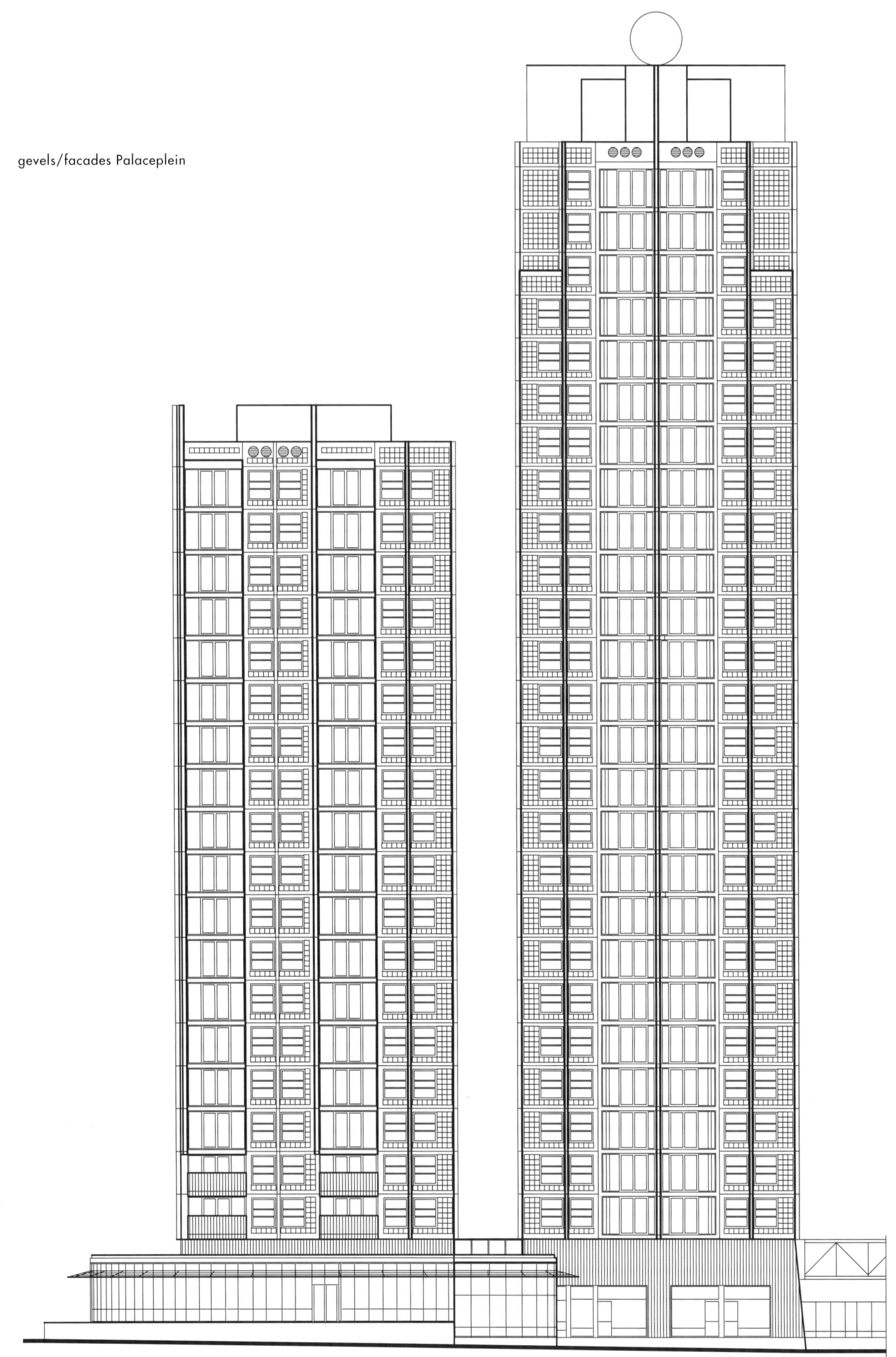

gevels/facades Palaceplein

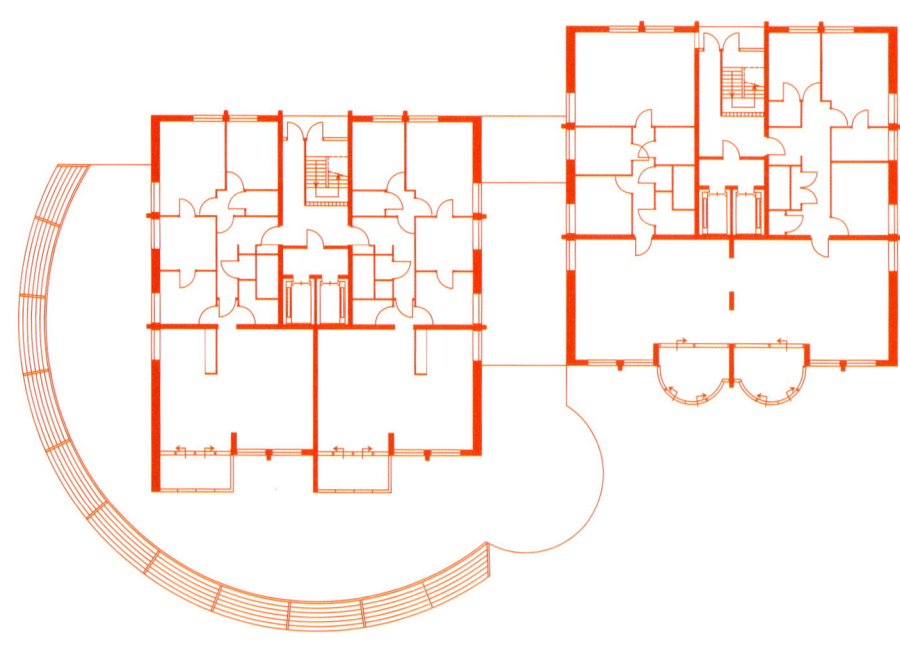

standaardverdieping torens/standard floor plan tower blocks

Woningen en kantoren Drie Notenboomen
Gouda

Het gebied tussen de oude binnenstad van Gouda en de zone langs de Nieuwe Gouwe, een in de negentiende eeuw aangelegd kanaal, vormt de context voor een stedelijk complex met kantoren en woningen. Op de hoek van de Nieuwe Gouwe en de middeleeuwse Kattensingel markeert een middelhoge toren het punt waar de water- en verkeerswegen elkaar ontmoeten. De toren reageert tevens op de grotere schaal van het kanaal en een nabijgelegen, te groot vormgegeven verkeersplein uit de jaren zeventig.

Met zijn gedifferentieerde bouwhoogte voegt het geheel zich in het gevarieerde silhouet van de stad, waarbij het hellende dak de onderdelen aaneenbindt en het geheel schaal en ritme geeft. Het plan is aan de binnenzijde geprojecteerd om een plein. Een openbare voetgangersroute voert vanuit de stad door het project naar het achterliggende woongebied en vormt zo de entree naar een kleinere en intiemere wereld. Het ensemble omsluit ook een groene openbare ruimte die overgaat in een openbaar plantsoen.

Met uitzondering van de toren aan de Kattensingel hebben alle onderdelen dezelfde opbouw en zijn voorzien van een piano nobile. De scheiding tussen de met breuksteen beklede onderbouw en de donkere bakstenen bovenbouw accentueert het concept.

Opdrachtgever
Malieborch bv, Zeist

Locatie
Gouda, Nieuwe Gouwe Oostzijde / Kattensingel

Programma
circa 9000 m² kantoorruimte, 20 woningen, parkeergarage met circa 120 plaatsen

Realisatie
1998-

Ontwerpteam
Cees Dam, Diederik Dam, Sander Mirck

Projectarchitect
Sander Mirck

Projectteam
Edgar Colin, Wout Deckwitz, Mischa van Eekelen, Sibylle Frey, Nico van der Horst, Dennis de Jong, Gerard Maas, Dennis Mels, Merlijn Pennings, David van de Vlag, Roderik van der Weijden

Stedenbouwkundig plan
Dam en Partners Architecten

Drie Notenboomen housing and offices
Gouda

The area between Gouda's historic city centre and the zone along the Nieuwe Gouwe, a canal dug in the nineteenth century, forms the context for an urban complex of offices and housing. At the junction of the Nieuwe Gouwe and the medieval Kattensingel, a medium-rise tower marks the point where the waterways and roadways meet. At the same time, the tower responds to the greater scale of the canal and an oversized traffic intersection from the 1970s in the close vicinity.

With its differentiated building height, the whole fits into the varied silhouette of the city. In addition, the sloping roof unites the components and gives scale and rhythm to the whole development. Within, the plan is projected around a square. A public pedestrian route leads from the city centre via the project to the residential area beyond and thus forms the entrance to a smaller and more intimate world. The ensemble also encloses a green public space that leads to a public park.

With the exception of the tower on the Kattensingel, all the components share the same basic structure, including a piano nobile. The distinction between the rubble-clad plinth and the darker brick upper floors accentuates the concept.

Client
Malieborch bv, Zeist

Location
Gouda, Nieuwe Gouwe Oostzijde / Kattensingel

Programme
about 9000 m² of office space, 20 residential units, parking garage with about 120 places

Construction
1998-

Design team
Cees Dam, Diederik Dam, Sander Mirck

Project architect
Sander Mirck

Project team
Edgar Colin, Wout Deckwitz, Mischa van Eekelen, Sibylle Frey, Nico van der Horst, Dennis de Jong, Gerard Maas, Dennis Mels, Merlijn Pennings, David van de Vlag, Roderik van der Weijden

Urban design
Dam & Partners Architects

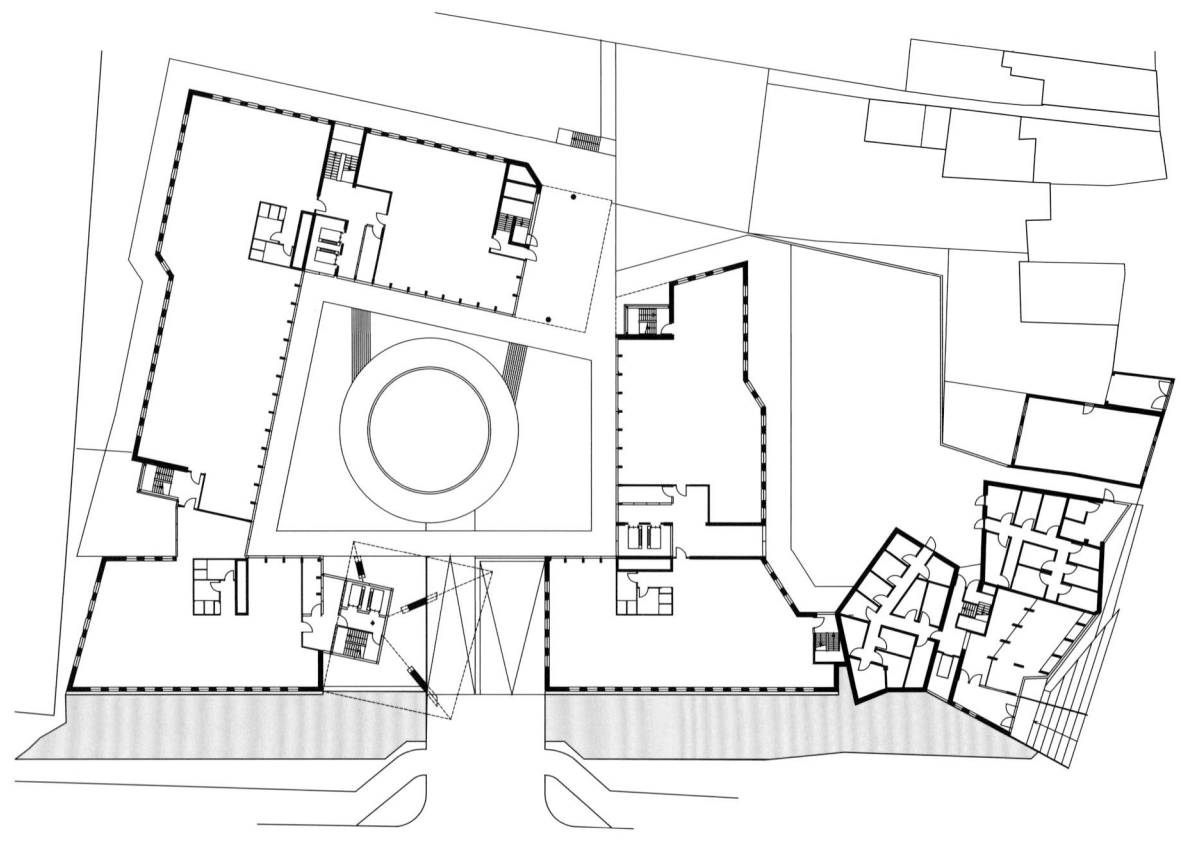

plattegrond entree-niveau/entrance floor plan

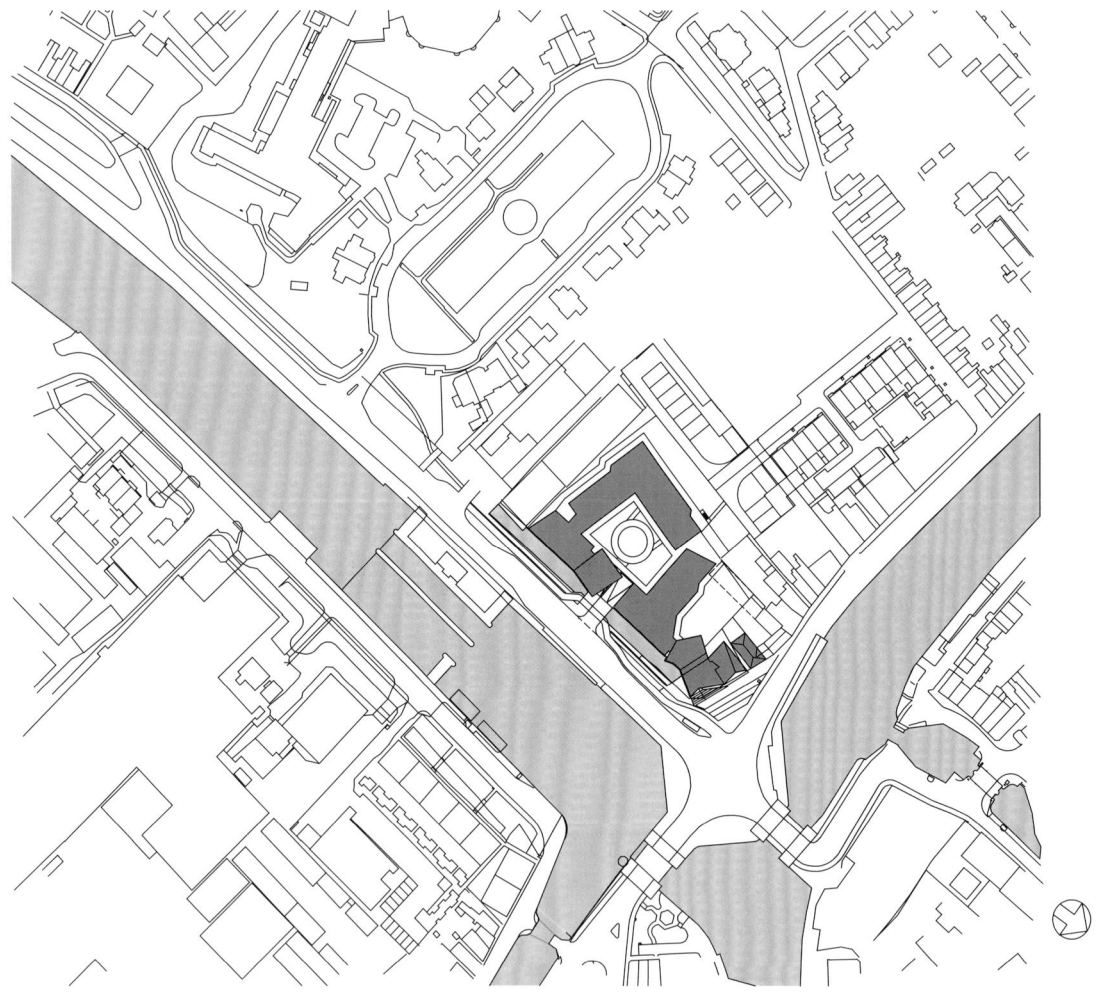

situatie/site plan

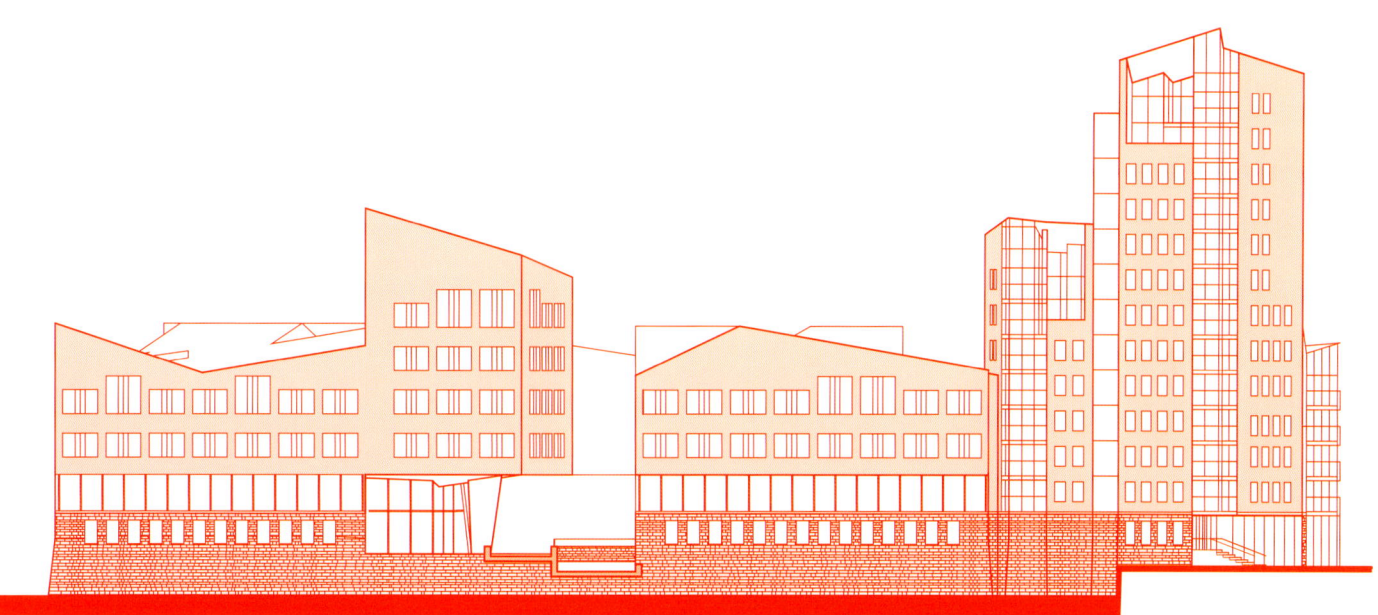

gevel/facade Nieuwe Gouwe

gevel/facade Kattensingel

Woningen Heerhugowaard

De ruimtelijke ontwikkeling van Nederland kenmerkt zich sinds het begin van de jaren negentig door een ongebreideld proces van verstedelijking. De gevolgen van dit proces zijn vooral zichtbaar rondom de kleine en middelgrote steden in het westen van het land. In korte tijd zijn deze steden omringd met uitgestrekte en vaak zeer monotone laagbouwwijken die gedomineerd worden door het klassieke kleine rijenhuis.

Het stedenbouwkundig plan voor een nieuwe woonwijk in Heerhugowaard, een middelgrote gemeente in de provincie Noord-Holland, beoogt een duidelijk herkenbare, landschappelijk woonomgeving te combineren met nieuwe oplossingen voor het wonen in de buitenwijk. Het centrum van de buurt wordt gevormd door een landelijke waterpartij, waaromheen in een grote ellips woningen zijn gegroepeerd. Aan de noordzijde voegen zich de woningen tot een aaneengesloten, gekromde rij van drive-in woningen met een open leefruimte op de eerste verdieping en een kamer aan de tuin. De architectonische uitwerking en de gevelbehandeling weerspiegelen het verschil tussen de straat die de buurt ontsluit en het groene midden. Aan de straatzijde blijft het interieur verborgen achter een rustige bakstenen gevel die op onnadrukkelijke wijze afstand schept. De tuingevels zijn opgevat als een overgangszone tussen de woonruimten en de tuin. Het ensemble oogt hier als een grote, expressief vormgegeven glazen serre over meerdere verdiepingen die zowel bij de tuin als het interieur hoort.

Opdrachtgever
Noord-Hollandse Projectontwikkelings Maatschappij, Alkmaar

Locatie
Het Waterrond, Heerhugowaard

Programma
33 poortwoningen, 23 energiewoningen, 6 vijvervilla's en 4 landhuizen

Realisatie
1995-1998

Ontwerpteam
Cees Dam, Diederik Dam, Christoph Grafe

Projectarchitect
Henk Heijink

Projectteam
Chris Koop, Pim Baas

Projectsamenwerking
Hans Wagner Architecten, Amsterdam, Arjen Hoogeveen, Amstelveen

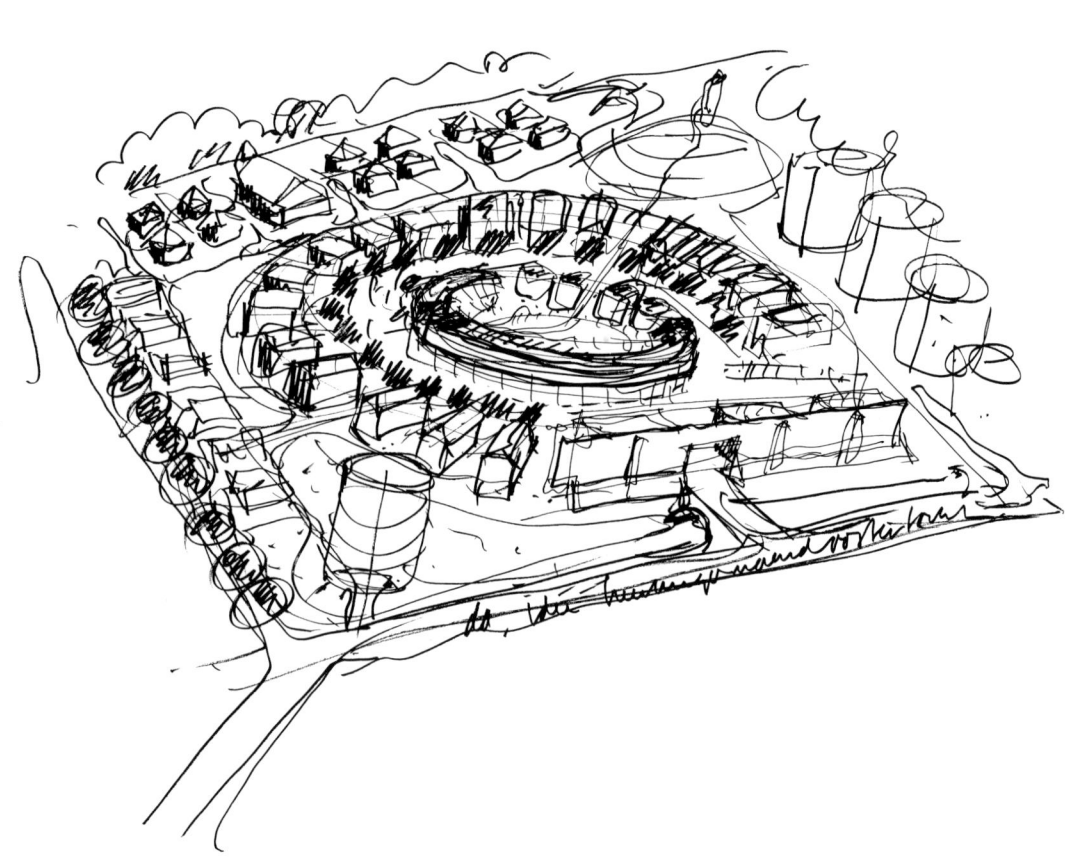

Housing Heerhugowaard

Since the early 1990s an unrestrained process of urbanization has marked the physical development of the Netherlands. The impact of this process is particularly noticeable around the small and medium-size towns in the west of the country, which in the shortest time have been surrounded by extensive tracts of often extremely monotonous low-rise housing, in turn dominated by the classic, small terraced house.

The urban plan for a new residential neighbourhood in Heerhugowaard, a medium-size town in the province of North-Holland, aims to combine a clearly recognizable, living environment, a landscape with new solutions for suburban living. The centre of the neighbourhood is formed by a rustic pond, around which the houses are arranged in a sweeping ellipse. On the northern side, the houses are connected in a serried, curved row of drive-in dwellings with an open living space on the first floor and a garden room. The architectural execution and the treatment of the facade reflect the difference between the street that surrounds the small development and its green focal point. While from the street the interior is concealed behind a plain brick facade that subtly creates a sense of distance, the facades on the garden side are conceived as a transitional zone between the living spaces and the garden. The ensemble looks like a large, expressively designed, multi-storey glazed conservatory that is as much in harmony with the garden as with the interior.

Client
Noord-Hollandse Projectontwikkelings Maatschappij, Alkmaar

Location
Het Waterrond, Heerhugowaard

Programme
33 portico dwellings, 23 energy-efficient dwellings, 6 lakeside villas and 4 detached houses

Construction
1995-1998

Design team
Cees Dam, Diederik Dam, Christoph Grafe

Project architect
Henk Heijink

Project team
Chris Koop, Pim Baas

Project collaborators
Hans Wagner Architecten, Amsterdam, Arjen Hoogeveen, Amstelveen

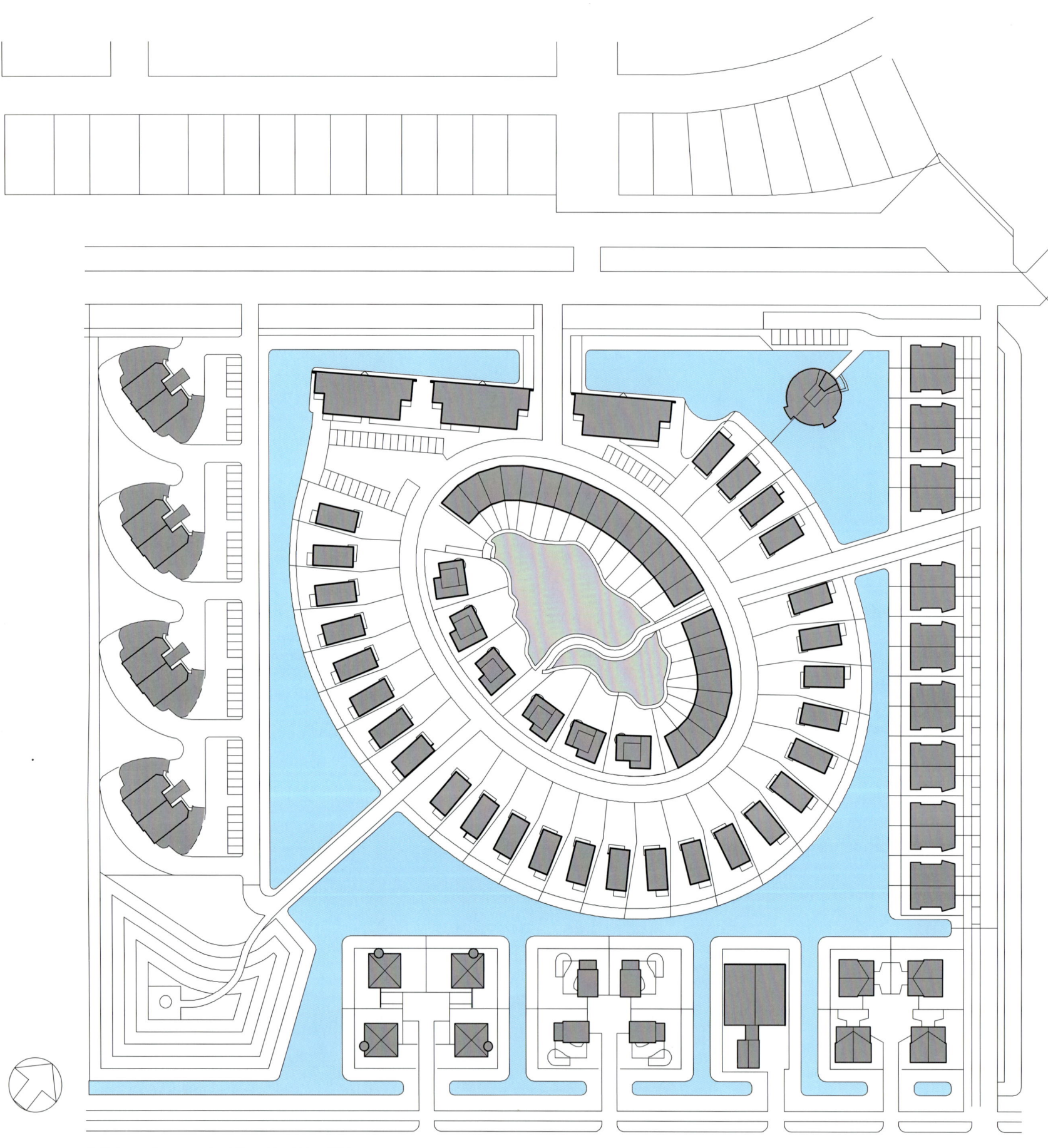

situatie/site plan

Kantoren Wittborgh
Dordrecht

De locatie voor een nieuw kantoorgebouw nabij het station van
Dordrecht vroeg om een krachtig
en stedenbouwkundig accent. De
gerealiseerde kantoortoren markeert
de hoek waaraan hij is gelegen onder
meer door een opbouw met enkele
cirkelvormige en terugspringende
bouwlagen met luifels. Deze bouwlagen zijn ten opzichte van elkaar licht
verschoven. De gevels zijn opgebouwd
uit zandkleurige, betonnen prefab-
elementen met een karakteristiek
reliëf. Het kantoor heeft een L-vormige
plattegrond. De entree is gesitueerd
op de hoek en daarmee ook op de dia-
gonale symmetrieas van het gebouw.

Opdrachtgever
Malieschild bv, Utrecht

Locatie
Dordrecht, De Wittstraat / Spuiboulevard

Programma
3240 m² BVO kantoren

Realisatie
1994-1996

Ontwerpteam
Cees Dam, Edwin van Heijningen, Eric Priester

Projectarchitect
Eric Priester

Projectteam
Edgar Colin, Edwin van Heijningen, Marc Stoop

Wittborgh office building
Dordrecht

The location for a new office building close to Dordrecht's railway station called for an assertive accent attuned to the urban environment. The completed office tower marks the corner on which it is located with, among other things, a composition of several circular and receding glazed building layers with canopies. These building layers are slightly askew in relation to one another. The facades are constructed of sand-coloured, prefabricated concrete elements with a distinctive relief finish. The office has an L-shaped floor plan. The entrance is situated on the corner and therefore also lies on the diagonal symmetrical axis of the building.

Client
Malieschild bv, Utrecht

Location
Dordrecht, De Wittstraat / Spuiboulevard

Programme
3,240 m² GFA offices

Construction
1994-1996

Design team
Cees Dam, Edwin van Heijningen, Eric Priester

Project architect
Eric Priester

Project team
Edgar Colin, Edwin van Heijningen, Marc Stoop

Kantoorgebouw Vogelstruys
Amsterdam-Zuidoost

Zoals de meeste kantorengebieden die in de afgelopen twee decennia in Nederland zijn ontstaan, kenmerken de kantorenlocaties in Amsterdam-Zuidoost zich door een verzameling van hoge, opzichzelfstaande gebouwen die weinig relatie met elkaar en hun omgeving lijken te hebben.

Het motief bij het ontwerp voor het kantoorgebouw aan de Hullenbergweg in Amsterdam-Zuidoost was het vertonen van afwijkend gedrag en het reageren op de overheersende 'slechtheid'. Met het gerealiseerde L-vormige gebouw wordt aangetoond dat door middel van een weloverwogen positionering van bouwvolumes en door gedifferentieerd materiaal- en kleurgebruik een kantoorgebouw op een dergelijke locatie zowel autonoom statement kan zijn als vanzelfsprekend en passend in een stedenbouwkundige context.

Het kantoorgebouw bestaat uit twee delen die haaks op elkaar staan. Een smal, transparant volume verbindt de beide delen met elkaar. Het beeld van de twee gebouwdelen contrasteert sterk. De gevels van het ene gebouwdeel zijn bekleed met roodbruine bakstenen. Karakteristiek voor de gevels van dit deel is het ritme waarin de ramen met paarskleurige kozijnen zijn geplaatst. De gevels van het andere gebouwdeel worden bepaald door smalle, horizontale glasstroken tussen brede en geprononceerde aluminium regels die het horizontale karakter accentueren.

Opdrachtgever
J.H.C.V., Hoofddorp

Locatie
Amsterdam-Zuidoost, Hullenbergweg

Programma
7400 m² BVO

Realisatie
1997-1999

Ontwerpteam
Cees Dam, Diederik Dam, Christoph Grafe, Katharina Stühmeyer

Projectmanager
Henk Heijink

Projectteam
Pim Baas, Wout Deckwitz, Jurgen Ditzel, Harm Freymuth, Ingmar Schreiberlich

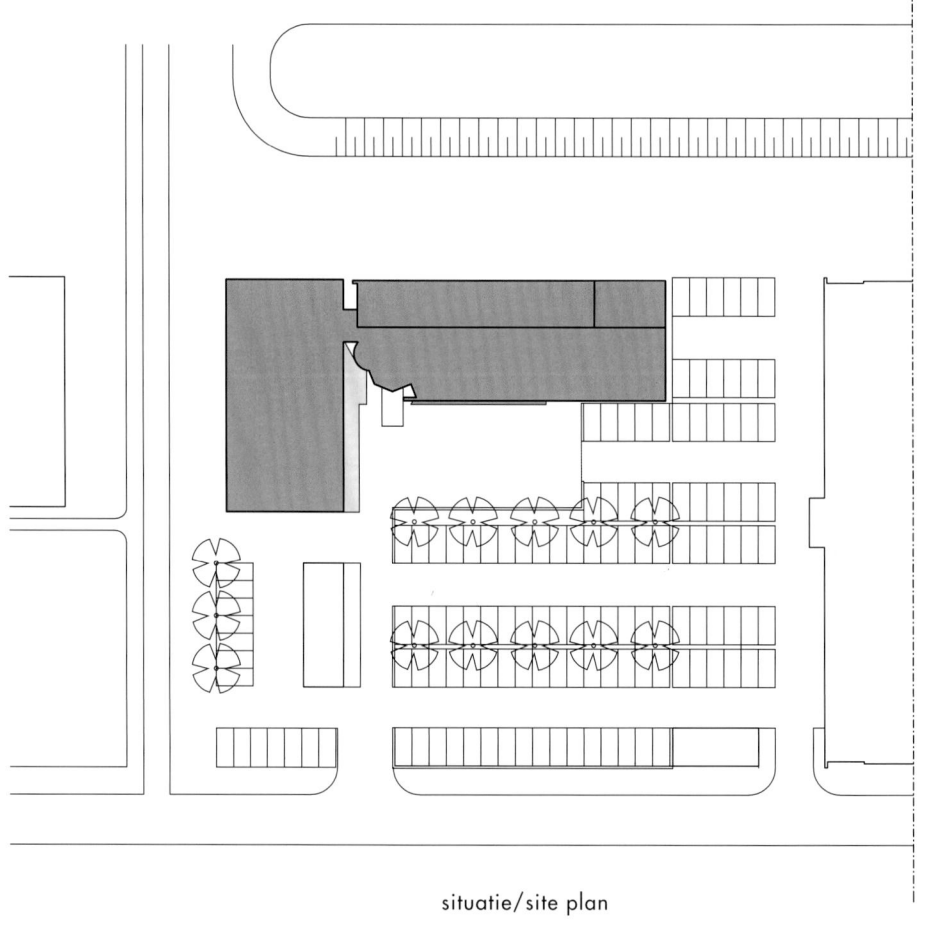

situatie/site plan

Vogelstruys office building

Amsterdam-Zuidoost

Like most office districts built in the Netherlands in the last 20 years, the office sites in Amsterdam-Zuidoost, the suburbs to the southeast of the city, are characterized by a collection of high, detached buildings that seem to bear little relation to one another or their environment.

The motif in the design of the office building on the Hullenbergweg in Amsterdam-Zuidoost was the display of deviant behaviour and a reaction to the predominance of 'badness'. The completion of the L-shaped building demonstrates that an office building on such a location can be an autonomous statement as well as self-evident and appropriate in an urban context, by means of the well-considered positioning of building volumes and through use of differentiated materials and colours.

The office building consists of two sections that stand at right angles to each other. A narrow, transparent volume connects the two sections. The looks of the two building sections contrast sharply. The facades of one section are fronted in red-brown brick. A feature of these facades is the rhythmic placement of the windows, fitted with purple frames. The facades of the other building section are characterized by narrow, horizontal glazed bands between wide and pronounced aluminium transoms that accentuate the horizontal character.

Client
J.H.C.V., Hoofddorp

Location
Amsterdam-Zuidoost, Hullenbergweg

Programme
7,400 m² GFA

Construction
1997-1999

Design team
Cees Dam, Diederik Dam, Christoph Grafe, Katharina Stühmeyer

Project manager
Henk Heijink

Project team
Pim Baas, Wout Deckwitz, Jurgen Ditzel, Harm Freymuth, Ingmar Schreiberlich

zuidoostgevel/south east facade

Winkels en woningen St. Jorisplein
Amersfoort

In veel Nederlandse binnensteden zijn gedurende de laatste jaren nieuwe winkelpassages gerealiseerd. Doel van deze toevoegingen, vaak met grootschalige elementen en bouwvolumes, is het revitaliseren van de bestaande stedelijke centra. De confrontatie tussen het kleinschalige patroon van de oude stad en de schaal van het moderne grootwinkelbedrijf en de vaak uiteenlopende eisen van de betrokken partijen kenmerken dit soort bouwopgaven en vormen ook de achtergrond van het plan voor de herinrichting van het gebied rond het St. Jorisplein in Amersfoort. Het project is tot stand gekomen in samenwerking met de Spaanse architect Joan Busquets.

Door de organisatie van winkels langs smalle straatjes en het ontwerp van een nieuw plein verweeft het plan zich met de oude binnenstad. De opeenvolging van straat, plein en passage benadrukt de continuïteit met het bestaande stedelijke weefsel. Tegelijk is het ovale plein een nieuw element dat contrasteert met de bestaande vormen van publieke ruimten in Amersfoort. Dit geldt ook voor de met glas overdekte winkelpassage die het plein met de Utrechtsestraat verbindt. Een centraal gelegen paviljoen op het plein voorzien van een glazen blad als licht hellend dak biedt direct toegang tot de ondergrondse parkeergarage. Om te voorkomen dat het ensemble een monofunctionele enclave vormt, zijn boven de winkels, maar ook aan het ovale plein en langs de Singel, stadswoningen gesitueerd. Deze woningen omsluiten op hun beurt een introverte daktuin. De entrees tot de woningen zijn elk duidelijk en herkenbaar vormgegeven en daardoor zichtbaar in het straatbeeld.

Opdrachtgever
Multi Vastgoed bv, Gouda

Locatie
Amersfoort, St. Jorisstraat / Hellestraat / Utrechtsestraat / Stadsring

Programma
12000 m² BVO winkels, 46 woningen en 2 lagen ondergronds parkeerruimte

Realisatie
1996-2000

Ontwerpteam
Cees Dam, Diederik Dam, Harm Freymuth, Christoph Grafe, Medard Jordan, Tonko Leemhuis, Roemer Pierik, Martijn de Potter, Katharina Stühmeyer

Projectarchitect
Diederik Dam

Projectmanager
Henk Heijink

Projectteam
Pim Baas, Steef Brasser, Menno de Bruin, Wout Deckwitz, Mischa van Eekelen, Edwin van Heijningen, Dennis de Jong, Ron Keesom, Chris Koop, John Kumpar, Sander Mirck, Roemer Pierik, Pelle Poiesz, Ingmar Schreiberlich, Klaas Smedema, Katharina Stühmeyer, René Vellekoop

Basisconcept
T+T Design, Gouda

Projectsamenwerking
Studio Joan Busquets, Barcelona

Stedenbouwkundig plan
T+T Design, Studio Joan Busquets, Dam en Partners Architecten

Architectural graphics
Josephine Dam-Holt

Shopping centre and housing units St. Jorisplein
Amersfoort

New shopping arcades have been developed in many Dutch city centres in recent years. The aim of these additions, often entailing large-scale elements and building volumes, is the revitalization of existing urban centres. The confrontation of the small-scale pattern of the old city and the scope of the large-scale modern retail business, and the often divergent demands of the various parties involved in defining the building directive, is also the background to this plan for the redevelopment of the area around the St. Jorisplein in Amersfoort. The project was realized in collaboration with the Spanish architect Joan Busquets.

Through the organization of shops along narrow little streets and through the design of a new square, the plan weaves itself into the old city centre. The succession of street, square and arcade underscores the continuation of the existing urban fabric. At the same time, the oval square is a new element that contrasts with existing forms of public space in Amersfoort. This is also true of the glass-covered shopping arcade that links the square with the Utrechtse straat. A pavilion centrally located in the square, with a glass sheet serving as a gently sloping roof, provides direct access to the underground parking garage. To prevent the whole becoming a single-function enclave, urban housing units have been positioned not only above the shops but also on the oval square and along the Singel. These apartments in turn encircle an introvert roof garden.

The clear and recognizable design of each of the entrances to the apartments makes them a visible part of the streetscape.

Client
Multi Vastgoed bv, Gouda

Location
Amersfoort, St. Jorisstraat / Hellestraat / Utrechtsestraat / Stadsring

Programme
12,000 m² GFA retail units, 46 housing units and 2 levels of underground parking

Construction
1996-2000

Design team
Cees Dam, Diederik Dam, Harm Freymuth, Christoph Grafe, Medard Jordan, Tonko Leemhuis, Roemer Pierik, Martijn de Potter, Katharina Stühmeyer

Project architect
Diederik Dam

Project manager
Henk Heijink

Project team
Pim Baas, Steef Brasser, Menno de Bruin, Wout Deckwitz, Mischa van Eekelen, Edwin van Heijningen, Dennis de Jong, Ron Keesom, Chris Koop, John Kumpar, Sander Mirck, Roemer Pierik, Pelle Poiesz, Ingmar Schreiberlich, Klaas Smedema, Katharina Stühmeyer, René Vellekoop

Basic concept
T+T Design, Gouda

Project collaboration
Studio Joan Busquets, Barcelona

Urban design
T+T Design, Studio Joan Busquets, Dam & Partners Architects

Architectural graphics
Josephine Dam-Holt

ar '4 glazey Cathedraae
passage met koepel

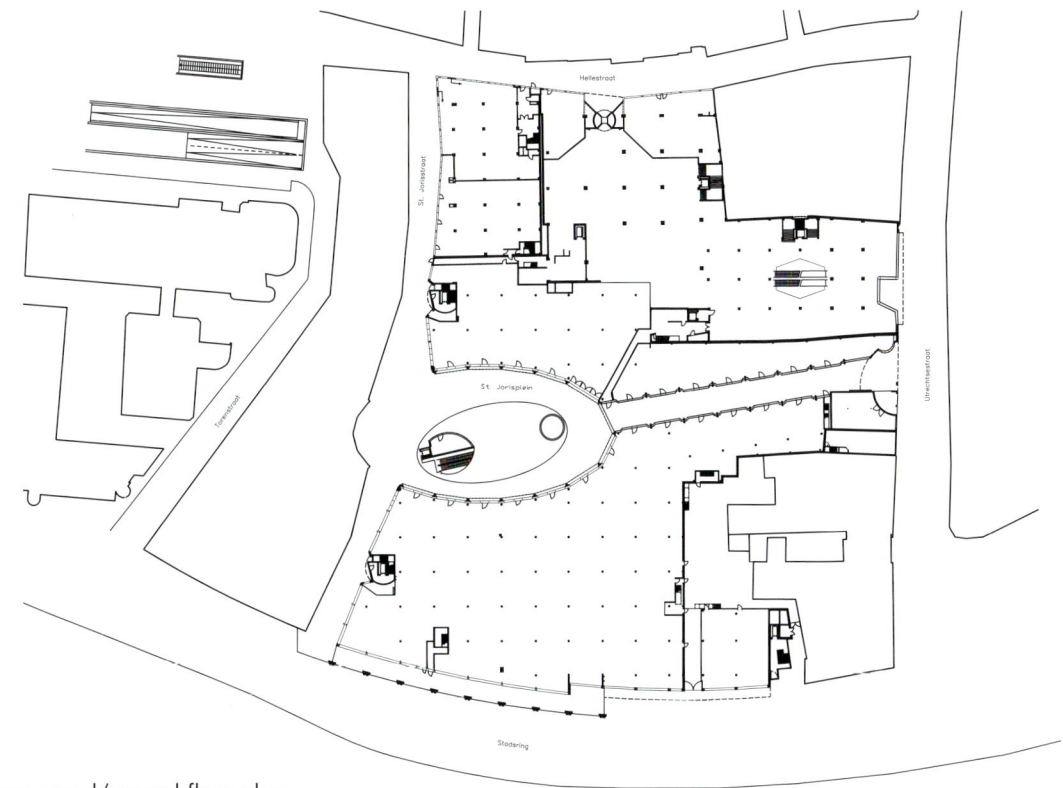

plattegrond begane grond/ground floor plan

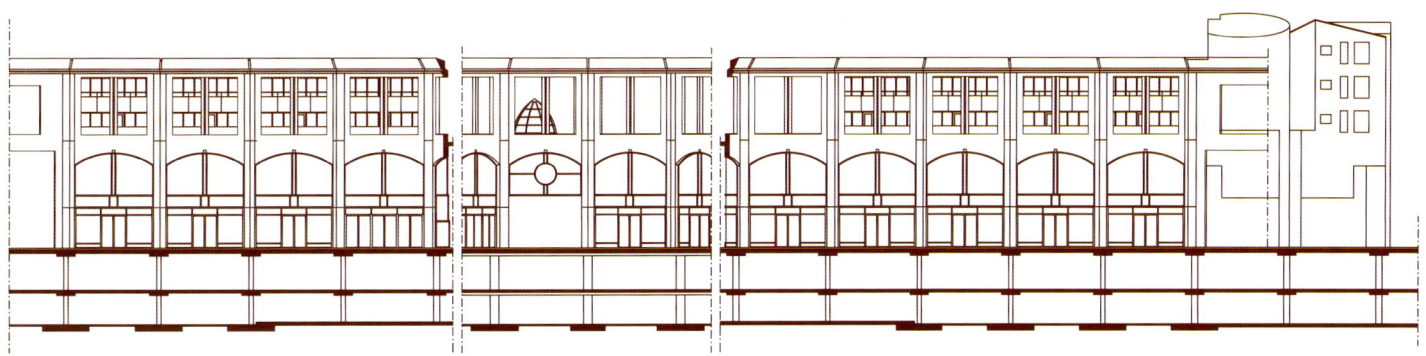

lengtedoorsnede/longitudinal section St. Jorisplein

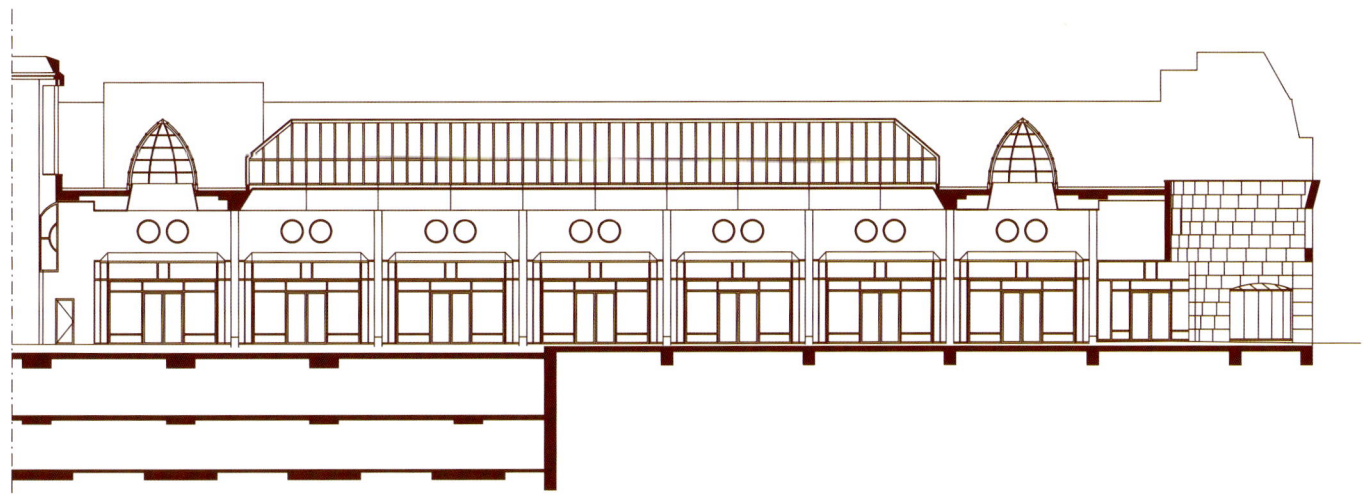

lengtedoorsnede/longitudinal section arcade

Restaurant Le Garage
Amsterdam

In een interieur waar de stad is buiten-
gesloten, kan het stedelijk leven zich
juist in een extreme vorm manifeste-
ren. In het ontwerp voor restaurant
Le Garage, een vensterloze ruimte van
een voormalige werkplaats en stalling,
is een van de meest bekende en in
deze zin publieke interieurs van
Amsterdam gemaakt. Het restaurant
neemt de rol over van een theater
waarin de gasten tevens de acteurs
zijn.

    Door een volledige omkering
van conventionele opvattingen over
de organisatie van een restaurant is
hier de keuken voor in de ruimte, aan
het raam gepositioneerd. De gasten
worden op deze wijze deelgenoot van
het schouwspel in de keuken, terwijl
zij aan de bar een aperitief nemen. Het
ontwerp van de binnenruimte brengt
in herinnering het interieur van
Harry's Bar in Venetië. De tafels staan
dicht op elkaar. Gasten zitten aan
lange banken en op stoelen met hoge
leuningen. Langs de wanden hangen
spiegels die de begrenzingen van de
ruimte doen vervagen. In een smalle
strook, op ooghoogte van de gasten
aan tafel, zijn de spiegels vlak. De spiegels in de bredere strook daarboven
zijn gefacetteerd, zodat ze het beeld in
verschillende richtingen verstrooien.
In deze spiegels herhalen zich ook ein-
deloos de lichtpuntjes van de lampen
die in cirkels de ruimten verbinden.

Opdrachtgever
De Filosoof bv, restaurant Le Garage, Amsterdam

Locatie
Amsterdam, Ruysdaelstraat

Programma
185 m² BVO

Realisatie
1987-1990

Ontwerpteam
Cees Dam

Projectmanager
Henk Heijink

Projectteam
Pim Baas, Karel Bodon

Le Garage restaurant
Amsterdam

An interior where the city is excluded is the very place where metropolitan life can manifest itself in an extreme form. The design for the restaurant Le Garage transforms a windowless space once used as a workshop and garage into one of Amsterdam's most famous, and – in this sense, at least – most public interiors. The restaurant becomes a theatre where the guests are at one and the same time the actors.

In a complete inversion of conventional notions about the organization of a restaurant, the kitchen here is placed at the front of the space, positioned next to the window. The guests are thus participants in the spectacle in the kitchen while they enjoy an aperitif at the bar. The design of the interior space is reminiscent of the interior of Harry's Bar in Venice. The tables stand close together. Guests sit on long benches and chairs with high backs. Mirrors fixed to the walls blur the definition of the space. In a narrow band, at the eye-level of the guests at table, the mirrors are plain. The mirrors in the wider band above this strip are facetted, so that they scatter the reflected image in different directions. These mirrors also capture the infinitely repeating reflection of the points of light from the lamps, which connect the spaces in circles.

Client
De Filosoof bv, Le Garage restaurant, Amsterdam

Location
Amsterdam, Ruysdaelstraat

Programme
185 m² GFA

Construction
1987-1990

Design team
Cees Dam

Project manager
Henk Heijink

Project team
Pim Baas, Karel Bodon

Uitbreiding, renovatie en interieur theater Agnietenhof
Tiel

Het theater Agnietenhof is gebouwd aan het begin van de jaren zeventig en is een van de laatste projecten uit de lange reeks van theaters die de architecten Holt en Bijvoet in de naoorlogse periode in Nederland hebben ontworpen. Het theater moest grondig worden gerenoveerd en uitgebreid. Tegenover het oorspronkelijke gebouw werd voor de nieuwe ingrepen een houding gevonden, die zowel respectvol als resoluut is. De robuuste verschijning van het bestaande theater met zijn ambachtelijk gemetselde gevels maakte het Agnietenhof tot een gebouw dat zich een vanzelfsprekende plek in het kleinschalige stadslandschap van Tiel had verworven. Voor de uitbreiding en de renovatie is gezocht naar een verfijnde architectonische uitdrukking, die het publieke en feestelijke karakter van het theater onderstreept.

De uitbreiding omvat een tweede zaal, nieuwe kleedkamers, een nieuwe en verhoogde toneeltoren en een verdiept theatercafé. Voor de tweede zaal en het café is aan het oorspronkelijke gebouw een ovaal volume toegevoegd. Hierdoor komt de hoekige kracht van het oude theatergebouw nog beter tot zijn recht. Ook de zinken gevelbekleding contrasteert met de bakstenen gevels van het oude gedeelte, maar in maat en ritme van de materiaalbehandeling toont de uitbreiding ook haar verwantschap met de oorspronkelijke architectuur. Een glazen foyer verbindt de nieuwe zaal met het bestaande gebouw.

Opdrachtgever
Gemeente Tiel, Theater Agnietenhof, Tiel

Locatie
Tiel, St. Agnietenstraat

Programma
4940 m² BVO

Realisatie
1994-2000

Ontwerpteam
Cees Dam, Diederik Dam, Rob Eijgenbrood, Christoph Grafe, Edwin van Heijningen

Projectarchitect
Rob Eijgenbrood

Projectteam
Antoon Appelman, Menno de Bruin, Marcel Buis, Mischa van Eekelen, Dennis de Jong, Gerard Maas, Dennis Mels, Michael Noordam, Guido Peters, Vaughn Miller, Ingmar Schreiberlich

Stedenbouwkundig plan
Dam en Partners Architecten (directe omgeving)

Architectural graphics
Josephine Dam-Holt

Beeldende kunst
Ad Arma

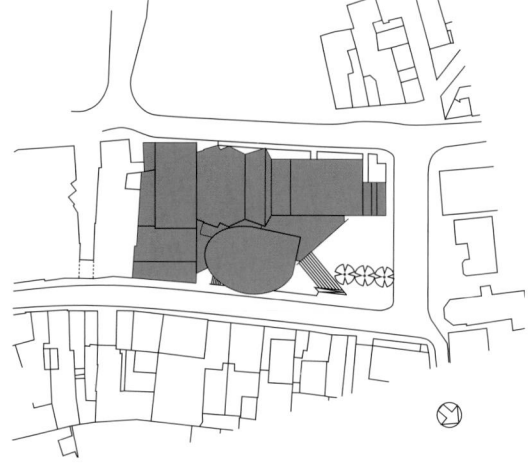

situatie/site plan

Extension, renovation and interior Agnietenhof theatre
Tiel

The Agnietenhof theatre was constructed in the early 1970s, one of the last in a long series of theatres in the Netherlands designed by the architects Holt and Bijvoet in the postwar period. The theatre had to be thoroughly renovated and extended. With respect to the original buildings, the new interventions had to adopt a stance that is simultaneously respectful and resolute. The robust personality of the existing theatre, with its traditional brickwork facades, was what established the Agnietenhof as a building with a place of merit in Tiel's diminutive urban landscape. The design for the extension and the renovation strives to find a refined architectural expression that emphasizes the public and festive character of the theatre.

The extension includes a second auditorium, new dressing rooms, a new and raised fly tower, and a wider theatre café. An oval volume was added to the original building to accommodate the second auditorium and the café. This further emphasized the angular forcefulness of the old theatre. The zinc cladding contrasts with the brick facades of the old building, but the scale and rhythm of the treatment of the material for the extension also shows its kinship to the original architecture. A glazed foyer links the new auditorium to the existing building.

Client
Tiel Municipal Council, Agnietenhof theatre, Tiel

Location
Tiel, St. Agnietenstraat

Programme
4940 m² GFA

Construction
1994-2000

Design team
Cees Dam, Diederik Dam, Rob Eijgenbrood, Christoph Grafe, Edwin van Heijningen

Project architect
Rob Eijgenbrood

Project team
Antoon Appelman, Menno de Bruin, Marcel Buis, Mischa van Eekelen, Dennis de Jong, Gerard Maas, Dennis Mels, Michael Noordam, Guido Peters, Vaughn Miller, Ingmar Schreiberlich

Urban design
Dam & Partners Architects (immediate surroundings)

Architectural graphics
Josephine Dam-Holt

Visual art
Ad Arma

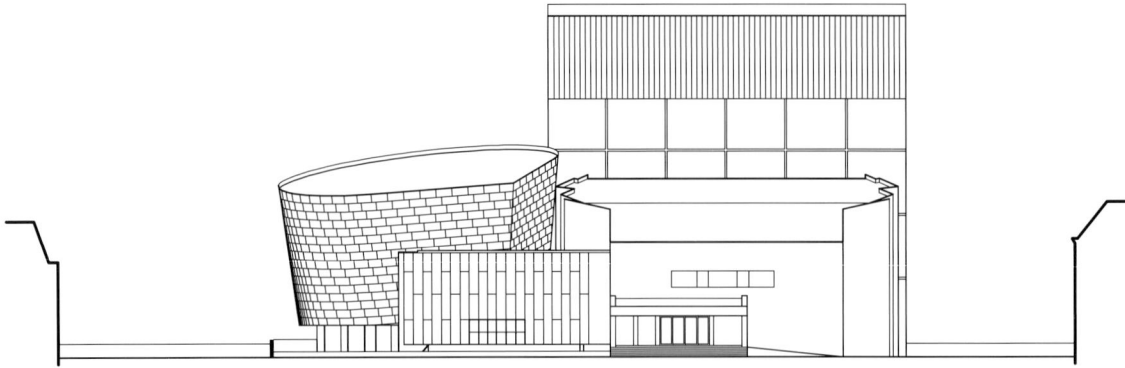

noordgevel/north facade

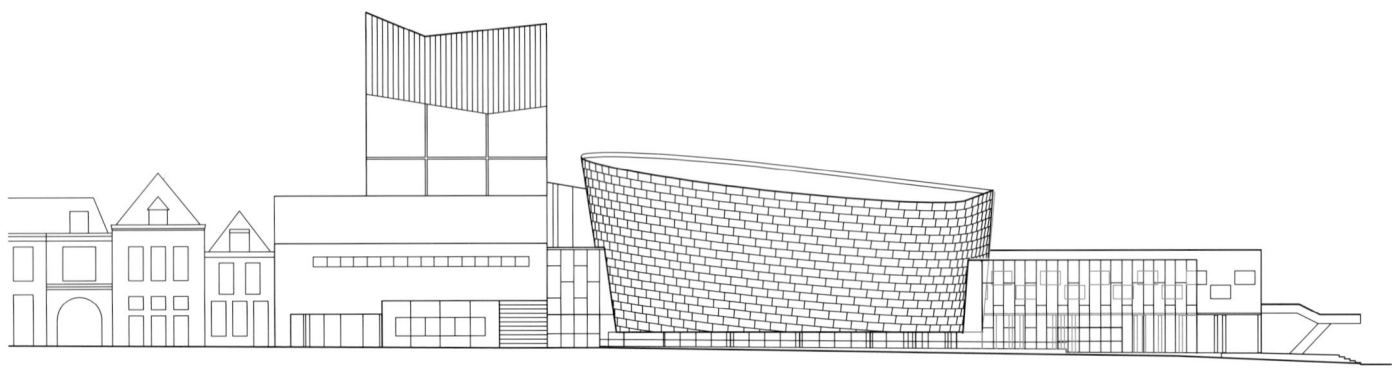

oostgevel/east facade

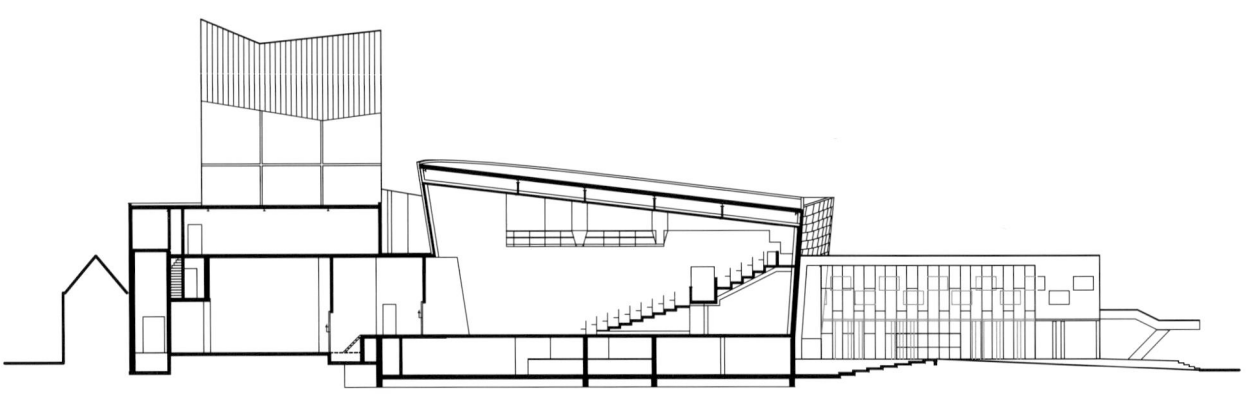

doorsnede middelgrote zaal/section medium-size auditorium

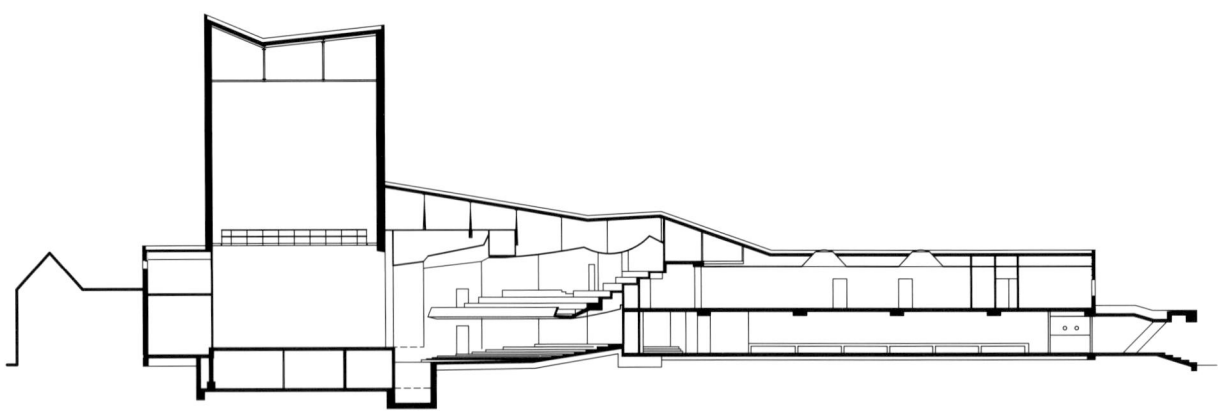

doorsnede grote zaal/section large auditorium

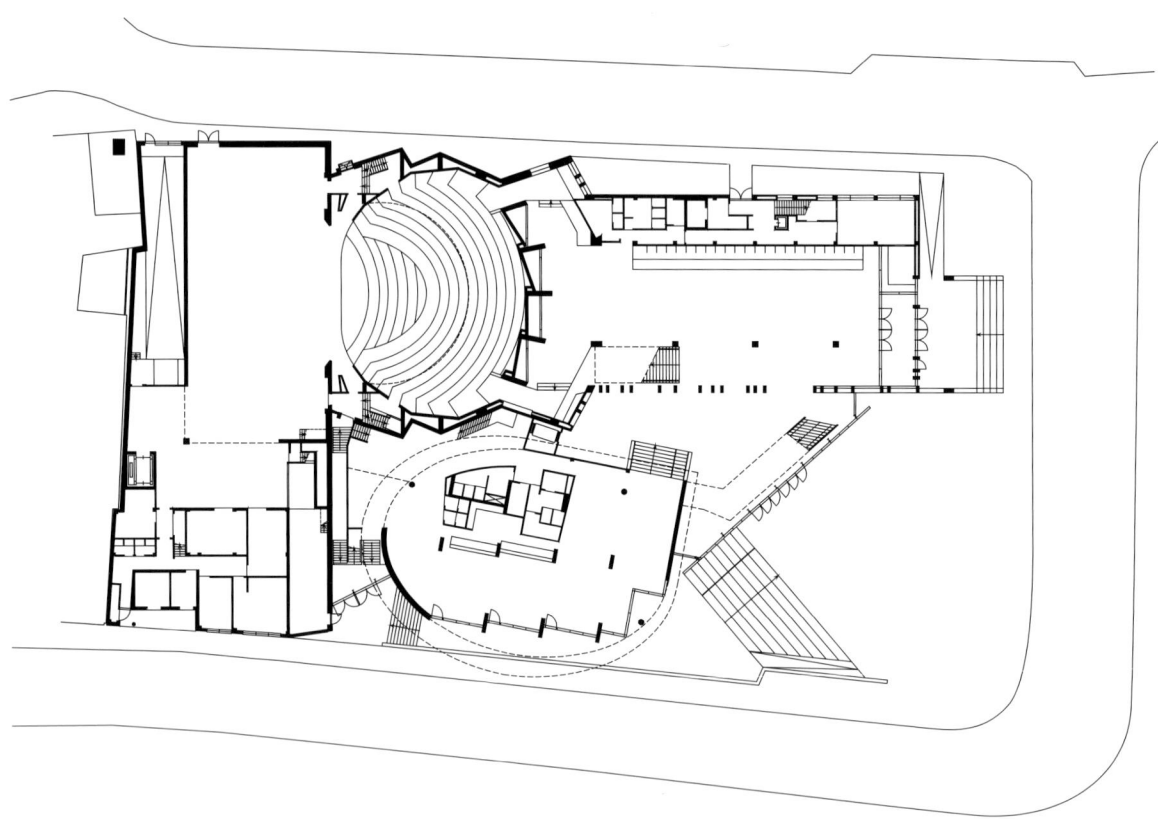

plattegrond begane grond/ground floor plan

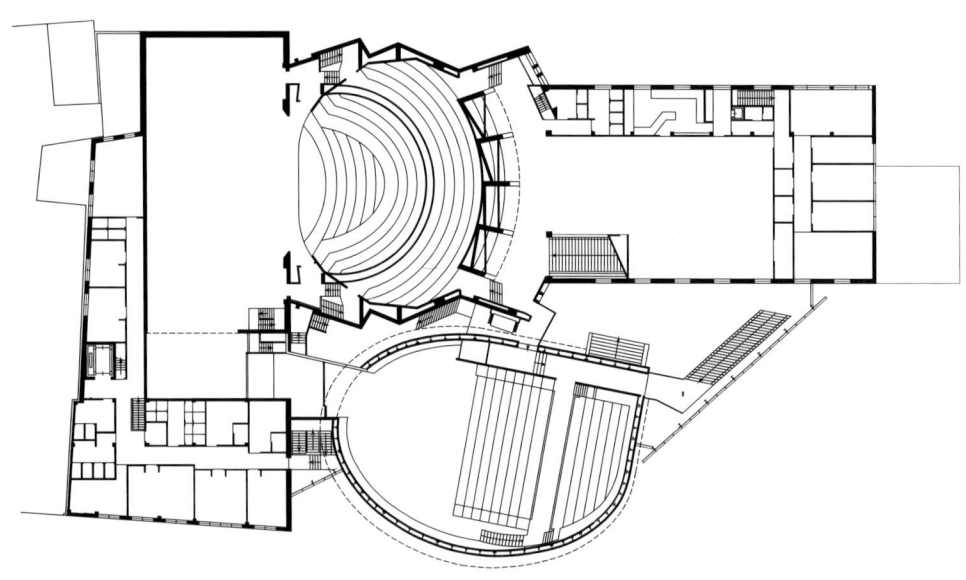

plattegrond eerste verdieping/first floor plan

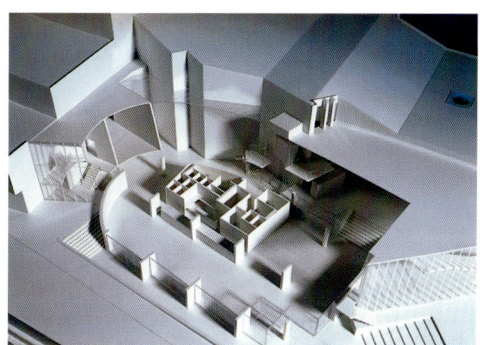

Objecten/Objects

Renovatie en nieuwbouw theater Orpheus (prijsvraag)
Apeldoorn

In het prijsvraagontwerp voor de uitbreiding van theater Orpheus wordt de karakteristieke ruimteontwikkeling van het bestaande gebouw, een schepping van de architecten Bijvoet en Holt, voortgezet. Het ontwerp voor de renovatie en uitbreiding sluit in schaal en maat aan bij het bestaande. Tegelijk is met de uitwerking een groot contrast tot stand gebracht in materiaal en detail, zodat de overgang naar het nieuwe Orpheustheater herkenbaar is. Het nieuwe gebouw past zich niet aan het bestaande aan, maar is een echo daarvan. De uitbreiding is met veel respect voor het oorspronkelijke ontworpen én een zeer eigentijdse interpretatie van de opgave.

Met het ontwerp voor het nieuwe theater wordt de nadruk gelegd op de alzijdige oriëntatie van het gebouwencomplex, dat is gelegen in een landschapspark. De twee ten opzichte van elkaar gedraaide toneeltorens zijn verschillend in schaal en materiaalbehandeling en vormen een nieuw verticaal accent met een steeds veranderend silhouet en perspectief.

Daar waar een deel van de oudbouw verdwijnt, wordt de gevel aangeheeld met het kenmerkende ruige metselwerk. De nieuwe vleugel voegt zich vervolgens als een luchtig glazen lichaam gedeeltelijk over de bestaande structuur en maakt daarmee de vernieuwingen die het theater heeft ondergaan zichtbaar.

Opdrachtgever
Schouwburg- en congrescentrum Orpheus, Apeldoorn

Locatie
Apeldoorn, Soerenseweg

Ontwerp
1999

Ontwerpteam
Cees Dam, Diederik Dam, Ron Keesom, Sander Mirck, Eric Priester, Huib van Zeijl

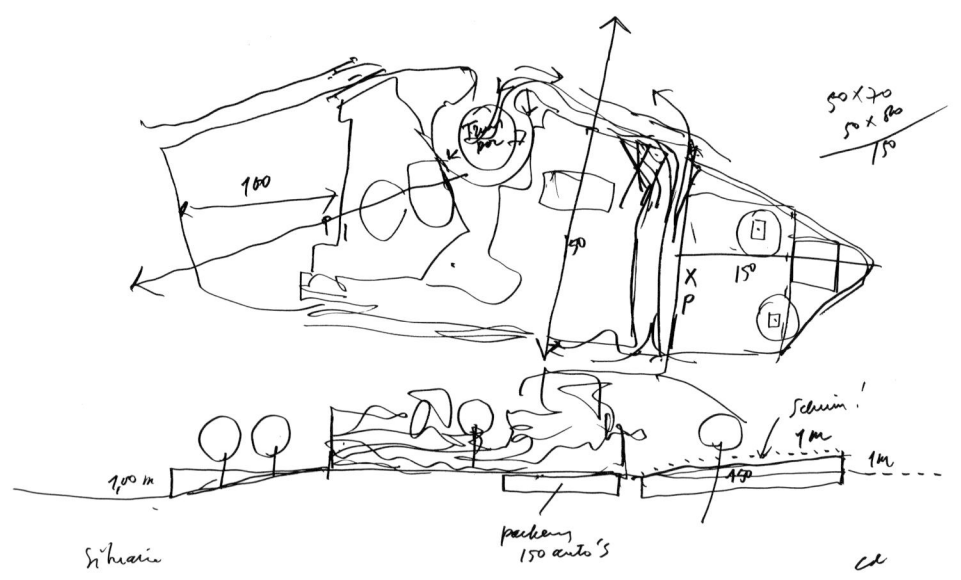

Renovation and extension
Orpheus theatre (competition entry)
Apeldoorn

The competition design for the extension to the Orpheus theatre continues the characterful spatial design of the existing building, created by the architects Bijvoet and Holt. The design for the renovation and extension dovetails with the existing design in scale and size. At the same time, a great contrast is established through the use of materials and details so that the transition to the new Orpheus theatre is recognizable. The new building does not adapt itself to the existing one but is an echo of it. The extension was designed with great respect for the original and is a very contemporary interpretation of the brief.

The design of the new theatre underscores the omnidirectional orientation of the building complex, situated in a green landscape park. The two fly towers are turned in relation to each other, and differ in scale and treatment of materials. They form a new vertical accent within a constantly changing silhouette and perspective.

Where a section of the old construction disappears the facade is clad in the characteristic rough brickwork. The new wing then connects itself, like an airy glass body, partially covering the existing structure, and makes the renovations to the theatre clearly visible.

Client
Orpheus centre for the performing arts and conference facility, Apeldoorn

Location
Apeldoorn, Soerenseweg

Design
1999

Design team
Cees Dam, Diederik Dam, Ron Keesom, Sander Mirck, Eric Priester, Huib van Zeijl

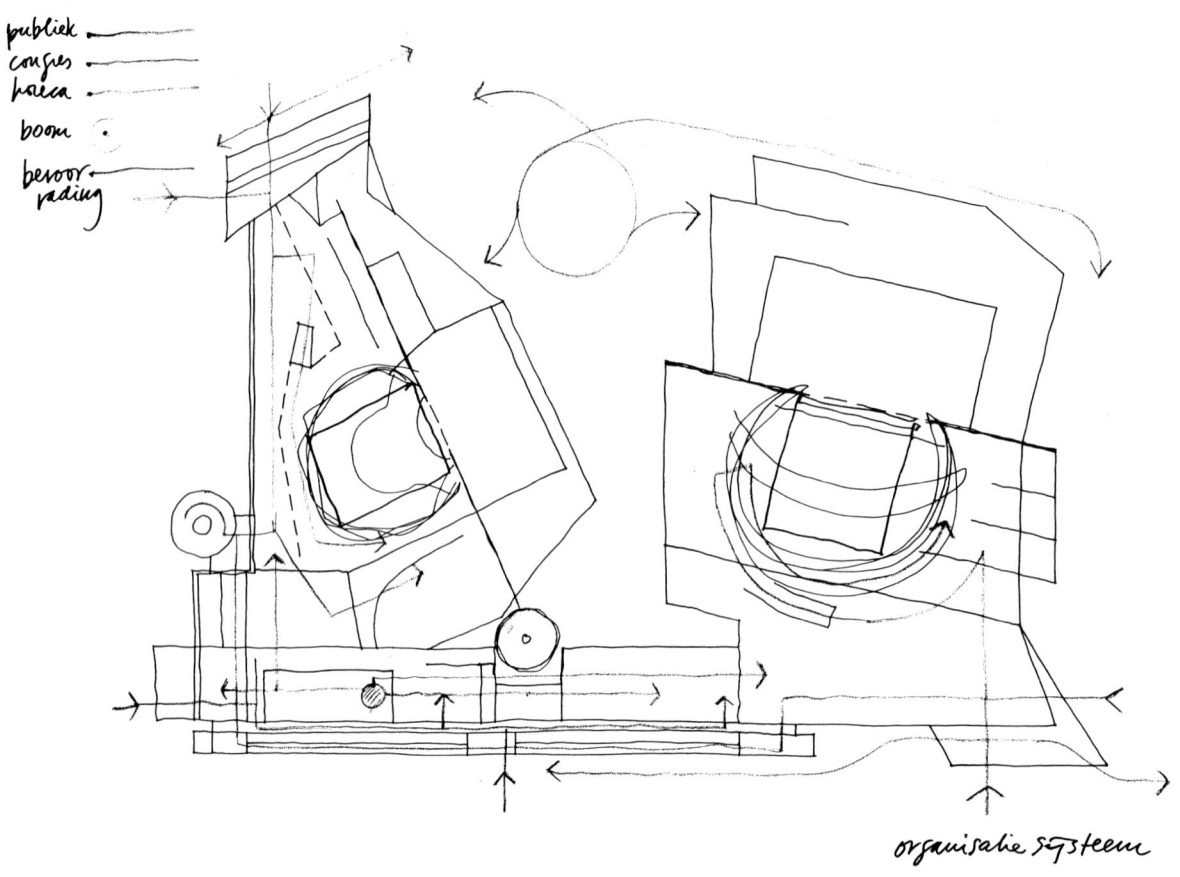

publiek
congres
horeca
boom
bevoor-
rading

organisatie systeem

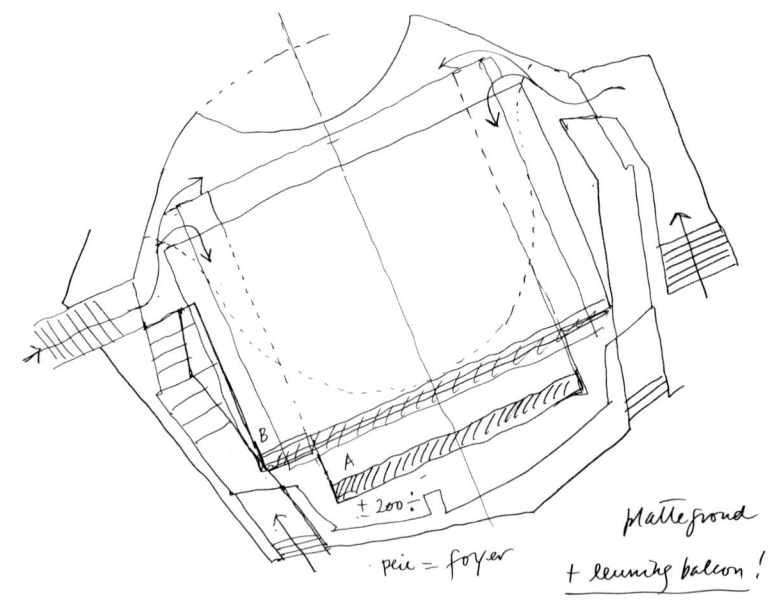

+ 200 :

peil = foyer

plattegrond
+ leuning balcon !

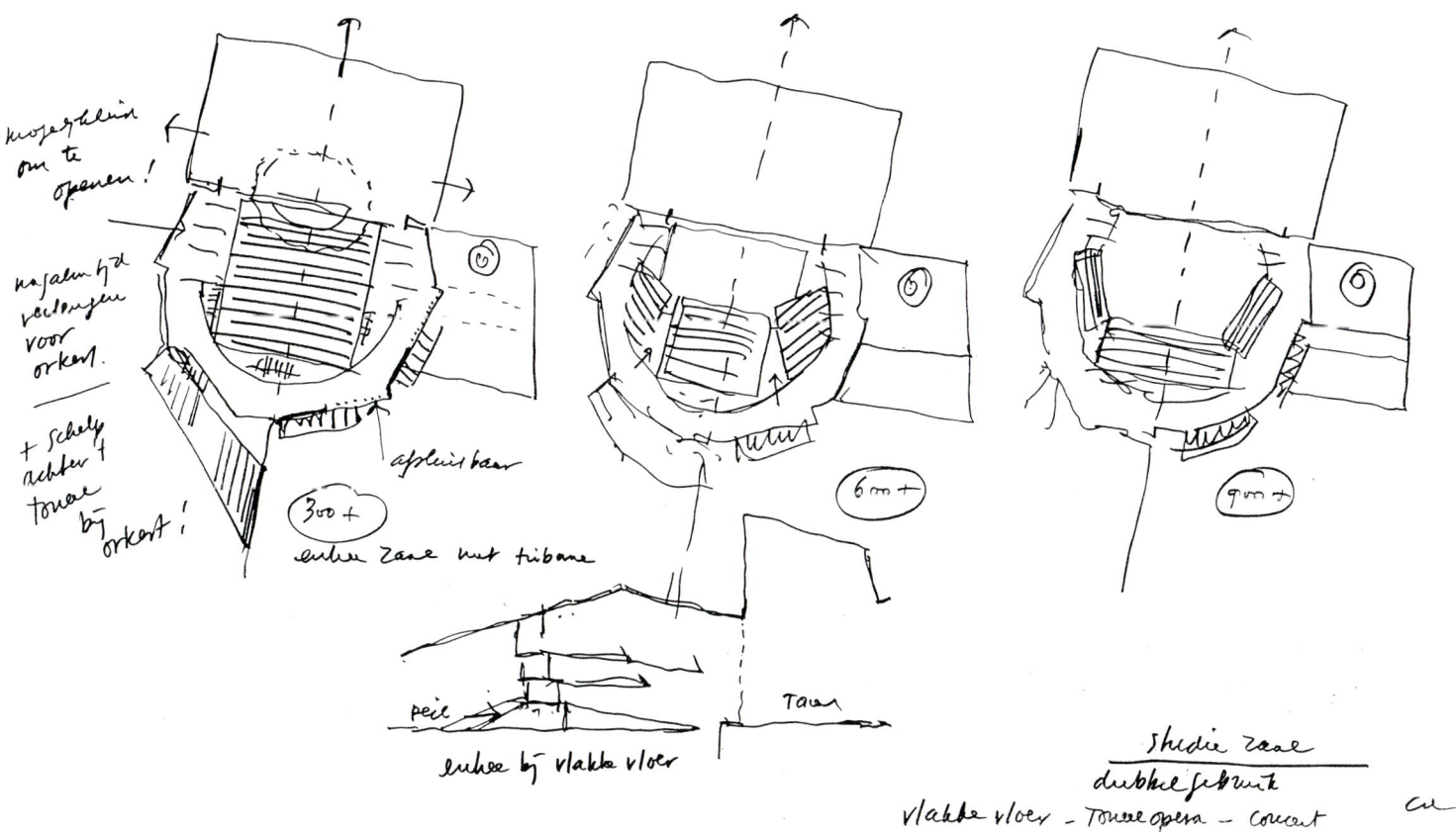

knogezpheid
om te
openen!

nazalon tyd
verlengen
voor
orkent.

+ Schely
achter
tonne
by
orkant!

afsluitbaar

300 +

enhee zaae met tribune

peie

Tour

enhee bij vlakke vloer

6 m +

9 m +

studie zaal
dubble gebruik
vlakke vloer - Tonne opera - concert

Woningen Loolaan
Apeldoorn

Uitgangspunt bij het ontwerp van deze appartementengebouwen was de vormgeving en situering van de herenhuizen in de directe nabijheid. Voor het bepalen van de oriëntatie van de woningen zijn verder twee nabijgelegen gebouwen van belang: theater Orpheus en de Grote Kerk.

De afzonderlijke appartementengebouwen, met ieder twee woningen per verdieping, liggen enigszins terug van de wegen die langs het gebied voeren. Loopbruggen over een verdiept aangelegde tuin voeren vanaf deze wegen naar de verschillende gebouwen. De woongebouwen zijn deels in een rechte lijn langs een hoofdweg gepositioneerd en deels (tegenover theater Orpheus) in een boog gegroepeerd. In het middengebied dat door de gebouwen wordt omsloten, is een tuin met zowel een bovengrondse parkeerplaats als een verdiepte parkeergarage waarop een vijver is geplaatst. Op dit terrein fungeert een trommelvormige, drie verdiepingen hoge woontoren als sluitstuk, maar door de ronde vorm zijn de zichtlijnen vanuit de overige appartementen in tact gelaten.

Opdrachtgever
Draisma Projectontwikkeling bv, Apeldoorn

Locatie
Apeldoorn, Loolaan

Programma
54 appartementen, praktijkruimte en parkeervoorzieningen

Realisatie
1995-2000

Ontwerpteam
Cees Dam, Diederik Dam, Joop Kok, Eric Schotte

Projectarchitect
Joop Kok

Projectmanager
Wout Deckwitz

Projectteam
Roemer Bech, Menno de Bruin, Ron Keesom, Michael Noordam

Stedenbouwkundig plan
Dam en Partners Architecten

Architectural graphics
Josephine Dam-Holt

Loolaan apartments
Apeldoorn

The starting point for the design of these apartment buildings was the design and situation of the town houses in the immediate vicinity. Two other nearby buildings were significant in determining the orientation of the apartments, namely the Orpheus theatre and the Grote Kerk church.

The individual apartment buildings, each with two apartments per storey, stand somewhat back from the thoroughfares that run alongside the area. Pedestrian walkways lead from these thoroughfares to the various buildings over a sunken garden. Some of the apartment buildings are positioned in a straight line along a main road, while some – opposite the Orpheus theatre – are grouped in an arc. The central area surrounded by the buildings includes a garden with a pond, on top of an underground parking garage as well as an aboveground parking lot. A drum-shaped, three-storey apartment building serves as centrepiece to this site, but it does not disturb the sight lines from the other apartments thanks to its rounded form.

Client
Draisma Projectontwikkeling bv, Apeldoorn

Location
Apeldoorn, Loolaan

Programme
54 apartments, professional space and parking facilities

Construction
1995-2000

Design team
Cees Dam, Diederik Dam, Joop Kok, Eric Schotte

Project architect
Joop Kok

Project manager
Wout Deckwitz

Project team
Roemer Bech, Menno de Bruin, Ron Keesom, Michael Noordam

Urban design
Dam & Partners Architects

Architectural graphics
Josephine Dam-Holt

Theaterboot op de Rijn
Arnhem

Het ontwerp voor de theaterboot bevat aan de voorzijde een sfeervolle ontvangstruimte, waarvandaan roltrappen leiden naar een theaterzaal die plaats biedt aan zeshonderd gasten. In het midden van de boot is de toneeltoren geprojecteerd. Het restaurant is in het achterste deel gesitueerd. De wand tussen de theaterzaal en het restaurant kan weggenomen worden. Hierdoor kunnen de gasten in het theater na afloop van voorstellingen direct zicht op en toegang tot het restaurant krijgen. De mogelijkheid om gasten vrij te kunnen laten bewegen over en door de boot is bij dit ontwerp belangrijk en heeft geresulteerd in een uitgekiende *routing*. De personeelsverblijven en de keuken zijn onderdeks geplaatst.

De opvallende vormgeving van het exterieur van de theaterboot is geïnspireerd op het hoekige silhouet van de Stealth, het door Lockheed ontwikkelde jachtvliegtuig.

Opdrachtgever
Rederij Heijmen

Ontwerp
1996-

Ontwerpteam
Cees Dam, Diederik Dam, Katharina Stühmeyer, Jan Tor

Projectarchitect
Jan Tor

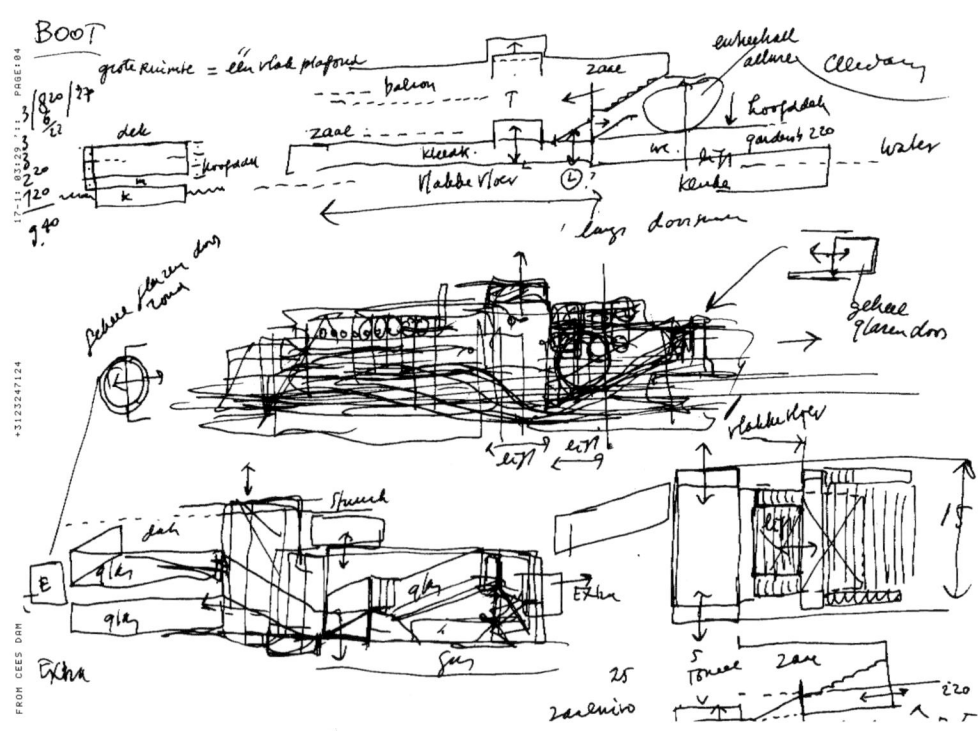

Theatre boat on the Rhine

Arnhem

The design for the theatre incorporates an atmospheric reception space, with escalators leading to an auditorium with seating for six hundred guests. A fly tower is situated at the middle of the boat. The restaurant is placed at the rear. The wall between the auditorium and the restaurant can be removed. This gives the guests a direct view and direct access to the restaurant after performances. An important aspect of this design was ensuring that guests could move freely around the boat, and the solution is a sophisticated circulation plan. The personnel's quarters and the kitchen are situated below decks.

The remarkable design of the exterior of the theatre boat is inspired by the angular silhouette of the Stealth bomber, a fighter jet developed by Lockheed.

Client
Rederij Heijmen

Design
1996-

Design team
Cees Dam, Diederik Dam, Katharina Stühmeyer, Jan Tor

Project architect
Jan Tor

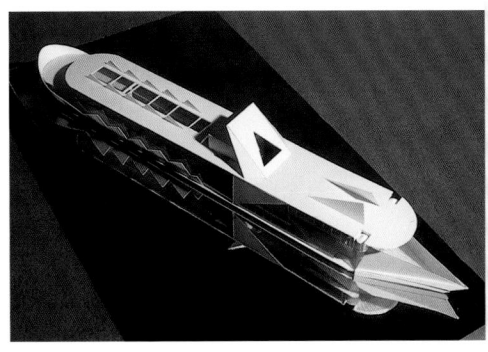

Nieuwbouw en verbouwing gemeentehuis, interieur raadzaal
Boxtel

Het gemeentehuis aan het Marktplein van Boxtel is een traditionalistisch ontwerp uit de jaren dertig van de twintigste eeuw. In de jaren zeventig kreeg het gemeentehuis aan de voorzijde enkele kleine aanpassingen en werd het aan de achterzijde uitgebreid met een vleugel. In deze vleugel bevond zich ook de raadzaal en een nieuwe, weinig uitnodigende hoofdingang.

In het nieuwbouw-, herinrichtings- en verbouwingsplan voor dit complex is gekozen voor een nieuwe vrijstaande raadzaal, een aanpassing van de vleugel en het verwijderen van de kleine aanbouwen aan de voorzijde. Met het in ere herstellen van de oude hoofdingang heeft het gemeentehuis zijn uitstraling aan het plein teruggekregen.

In de uitbreiding uit de jaren zeventig bevindt zich nu een ruime ontvangsthal met informatiebalies. De ellipsvormige nieuwe raadzaal staat in een park achter de eerdere uitbreiding. Het is een losstaand en transparant volume op een plint van robuuste natuursteen. De raadzaal is met het oog op de klimaatbeheersing voorzien van een dubbele glazen gevel. De ruimte tussen deze gevels wordt onder meer gebruikt als verkeersruimte. Door het panoramische uitzicht vanuit de zaal worden de bomen van het park een onderdeel van het interieur. Het licht in de raadzaal straalt 's avonds uit over de omliggende omgeving. Hierdoor is het park ook dan onderdeel van het interieur van de raadzaal.

Opdrachtgever
burgemeester en wethouders, Boxtel

Locatie
Boxtel, Markt

Programma
5200 m² BVO

Realisatie
1996-1998

Ontwerpteam
Cees Dam, Diederik Dam, Rob Eijgenbrood, Martijn de Potter, Klaas Smedema

Projectarchitect
Klaas Smedema

Projectteam
Steef Brasser, Wout Deckwitz, Mischa van Eekelen, Harm Freymuth, Alex Goedemans, Susan van Hoof, Tonko Leemhuis, Ron Keesom, Michael Noordam, Guido Peters, Katharina Stühmeyer

Stedenbouwkundig plan
Dam en Partners Architecten

Extension and reconstruction of town hall, council chamber interior
Boxtel

The town hall on the Marktplein (market square) in Boxtel is a traditionalist design from the 1930s. In the 1970s a few small alterations were made to the town hall's front facade and a new wing was added to the rear. This wing also contained the council chamber and a new, rather uninviting entrance.

For the new construction, renovation and reconstruction of this complex, the architects and planners opted for a new freestanding council chamber, a modification to the wing at the rear, and the removal of the small additions to the front. The rehabilitation of the old entrance has reinstated the town hall's presence on the square.

The extension from the 1970s now accommodates a spacious reception foyer with information desks. The new, elliptical council chamber stands in a park behind the earlier extension. It is a freestanding and transparent volume on a plinth of rough natural stone. The council chamber has a double glass shell, for purposes of climate control. The space between these facades serves as a circulation space. The panoramic view from the chamber makes the trees in the park a component of the interior. In the evening the light in the council chamber radiates across the surrounding environment. This, in turn, makes the park a component of the council chamber.

Client
Mayor & Aldermen, Boxtel

Location
Boxtel, Markt

Programme
5,200 m2 GFA

Construction
1996-1998

Design team
Cees Dam, Diederik Dam, Rob Eijgenbrood, Martijn de Potter, Klaas Smedema

Project architect
Klaas Smedema

Project team
Steef Brasser, Wout Deckwitz, Mischa van Eekelen, Harm Freymuth, Alex Goedemans, Susan van Hoof, Tonko Leemhuis, Ron Keesom, Michael Noordam, Guido Peters, Katharina Stühmeyer

Urban design
Dam & Partners Architects

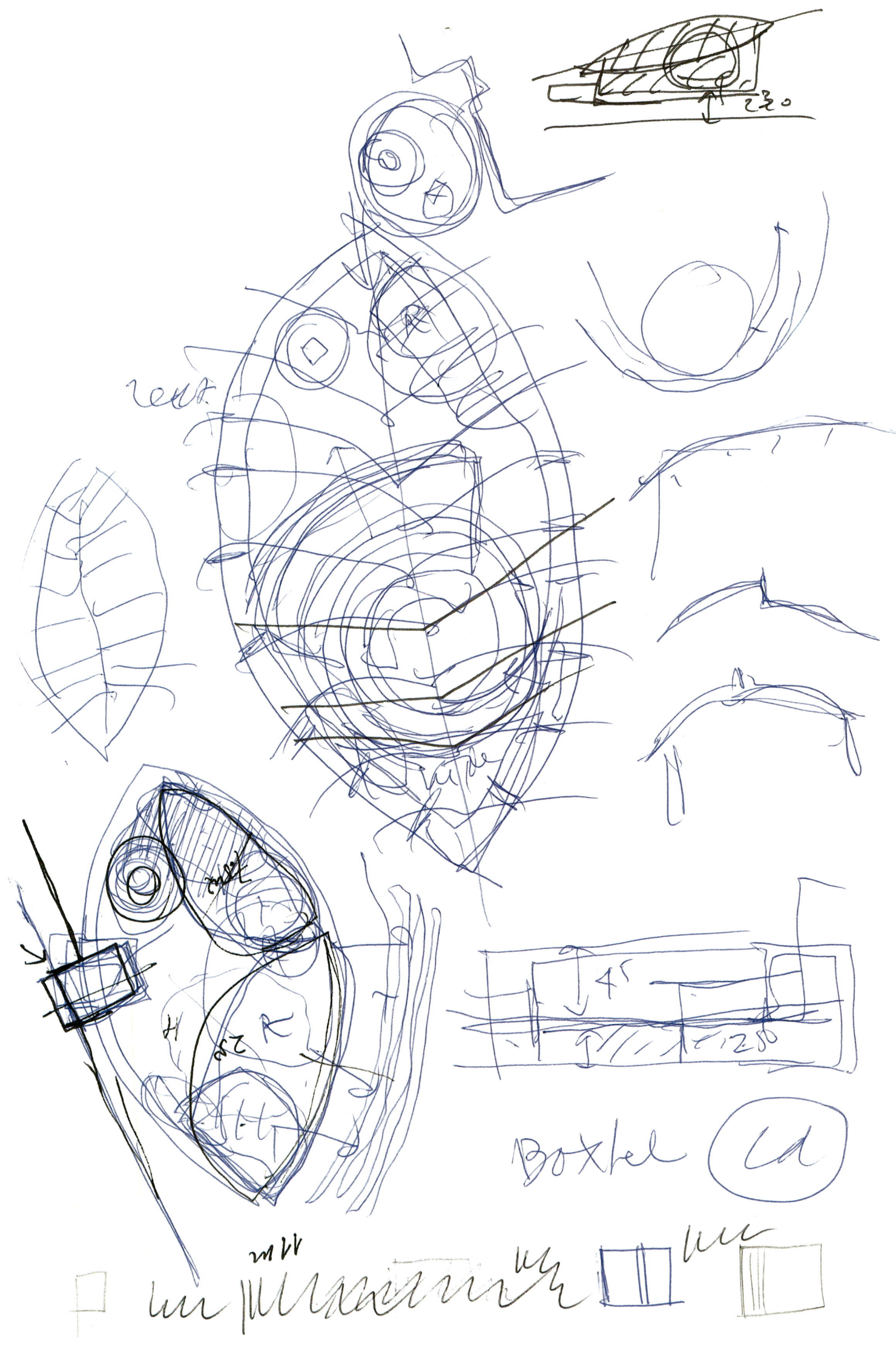

Boxtel

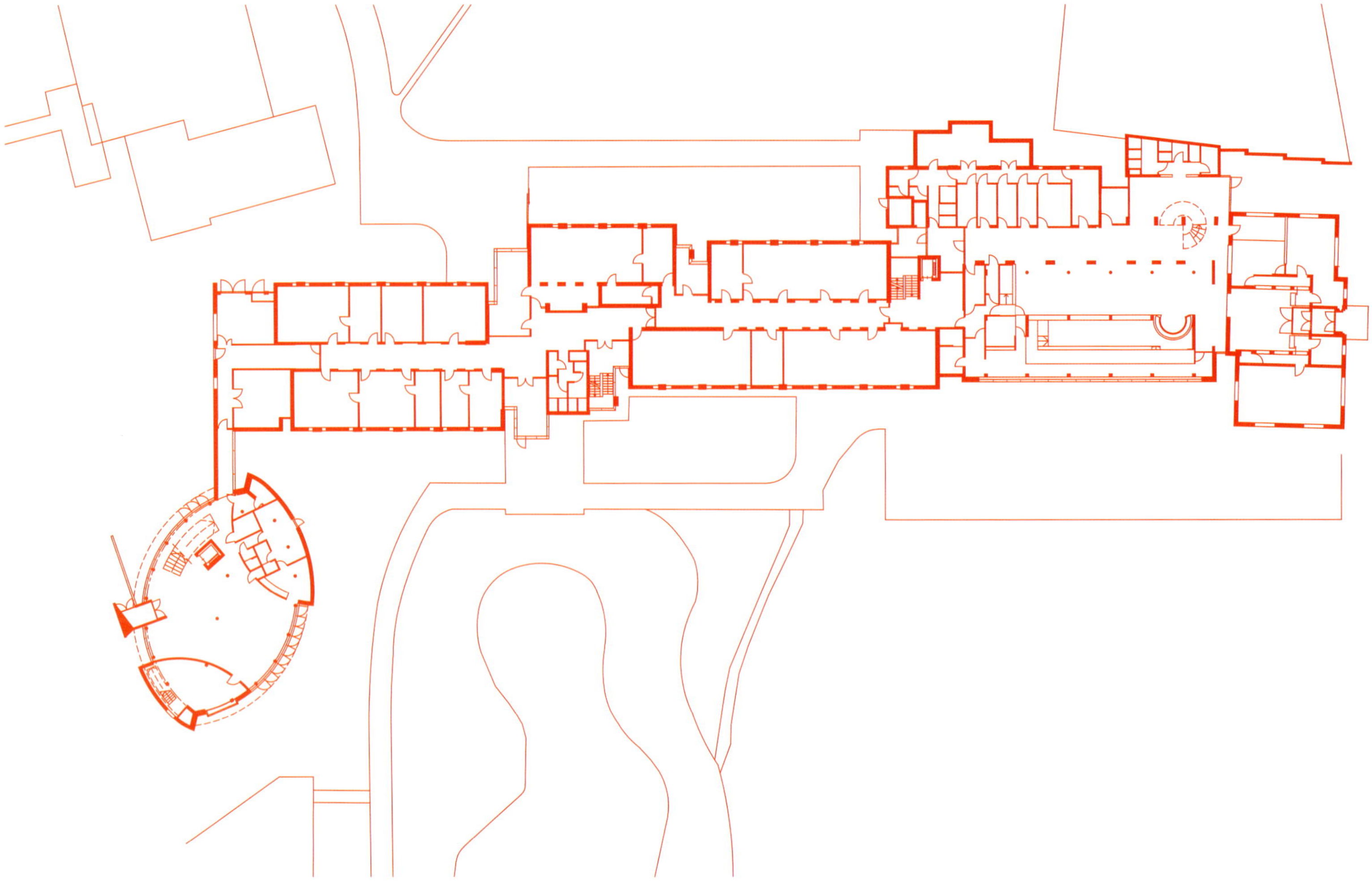

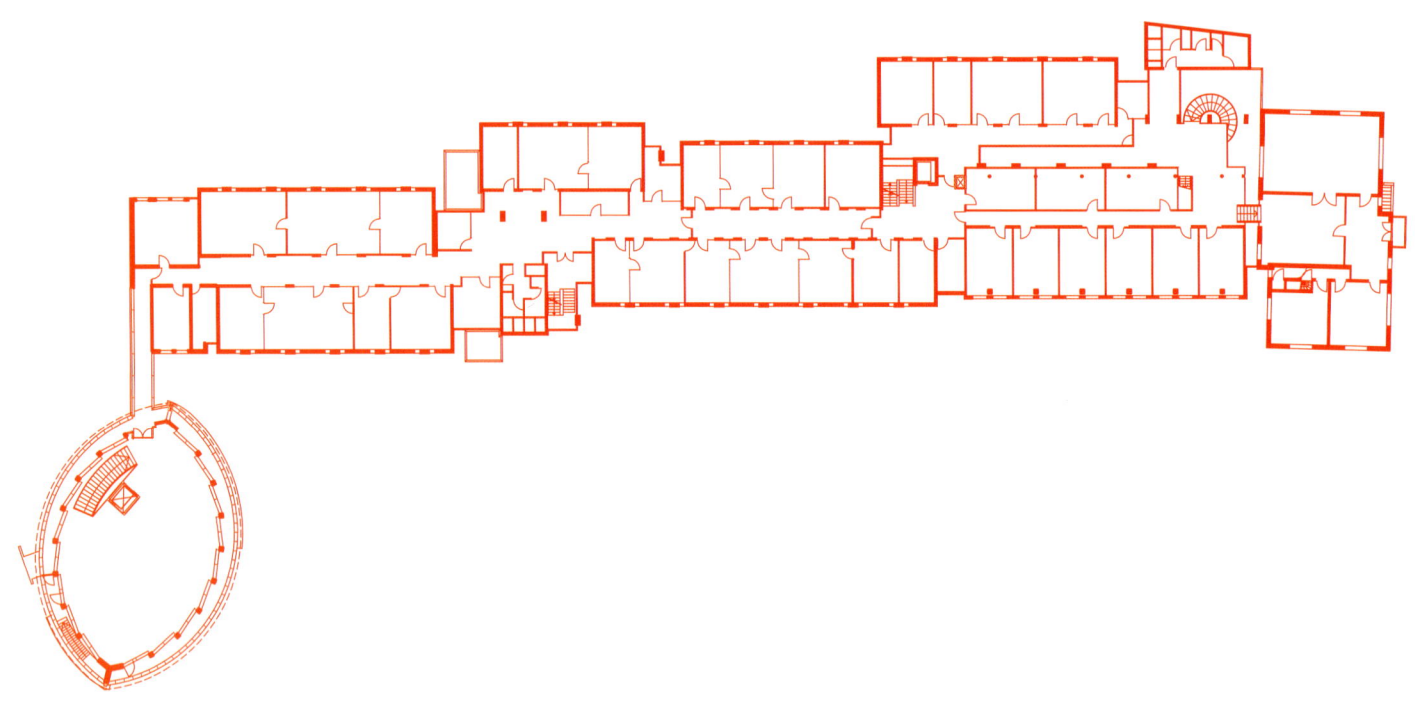

plattegrond begane grond/ground floor plan

plattegrond eerste verdieping/first floor plan

Hoofdkantoor en interieur KPN Telecom
Den Haag

Het nieuwe complex met het hoofdkantoor van KPN aan de stadsrand van Den Haag toont zich als een ensemble van stevige, bakstenen gebouwen rondom een aantal duidelijk herkenbare en systematisch geordende stedelijke ruimten. De gebouwen zijn ontworpen door verschillende architecten, maar vormen door het gebruik van een gezamenlijk repertoire een eenheid.

Het halfronde hoofdkantoor, voorzien van een gouden kroon op het dak, is centraal gelegen op de symmetrieas van het terrein. Het kantoor is evenals de andere kantoorgebouwen opgetrokken uit terracottakleurige bakstenen en heeft een verticale driedeling in plint (onder), hoofdvolume (midden) en geprononceerde 'kroonlijst' (boven). Plaatselijk zijn voor het bakstenen hoofdvolume witte betonschermen aangebracht. De ruimten tussen deze schermen en de gevel fungeren als erkers en geven de kantoorverdiepingen extra diepte.

De hoofdentree in het midden van het gebouw verschaft toegang tot een interieur dat in ontwerp en materialisering sterk contrasteert met het exterieur.

De inrichting van de begane grond van het KPN-hoofdkantoor aan de Maanweg benadrukt de ruimtelijkheid van het gebouw. Het is een compositie van 'eilanden' die elk hun specifieke atmosfeer en functie hebben. Ze onderscheiden zich onder andere door de kleurstelling, het materiaal van de wanden waarmee ze worden afgebakend, de vloerbedekking en de meubels. Een deel van deze meubels is speciaal voor dit project ontworpen, zoals de hemelblauwe stoelen, de houten tafels en de gelakte buffetkasten in het restaurant voor de directie.

Een van de meest opvallende ruimten in het hoofdkantoor is het bedrijfsrestaurant met 1200 zitplaatsen. Dit restaurant, vormgegeven als een gigantische serre van glas en hout, is gesitueerd aan de achterzijde van het gebouw tussen twee kantoorvleugels.

Opdrachtgever
Maanweg cv (Multi Vastgoed bv, Wilma Bouw)

Opdrachtgever interieur
KPN Vastgoed, Den Haag

Locatie
Den Haag, Maanweg

Programma
22250 m² BVO gebouw 5 (incl. algemeen restaurant), 4700 m² BVO gebouw 10, 12400 m² BV gebouw 11 (nog niet gerealiseerd)

Programma interieur
4450 m² BVO begane grond gebouw 5 (hoofdkantoor KPN Telecom)

Realisatie
1997-2000

Ontwerpteam
Cees Dam, Diederik Dam, Eric Priester, Klaas Smedema, Jan Tor

Projectarchitect
Eric Priester

Projectarchitect interieur
Klaas Smedema

Projectmanager
Nico van der Horst

Projectteam
Edgar Colin, Gerard Maas, Michael Noordam, Marc Stoop, Roderik van der Weijden

Basisconcept
T+T Design, Gouda

Projectsamenwerking
B & D Architecten, Oosterbeek, T+T Design, Gouda, Witt & Jongen Architecten, Amsterdam

Stedenbouwkundig plan
T+T Design, Gouda

Landschapsarchitectuur
Delta Vormgroep, Utrecht

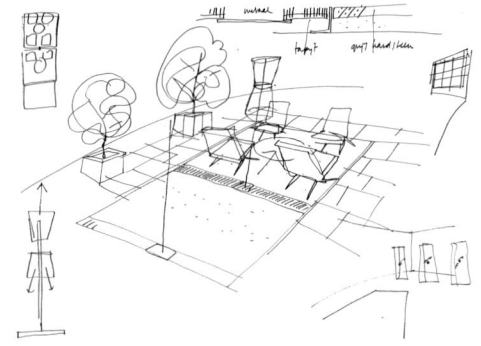

KPN Telecom headquarters and interior
The Hague

The new complex with the headquarters of KPN on the outskirts of The Hague reveals itself as an ensemble of sturdy brick buildings around a number of clearly recognizable and systematically ordered urban spaces. The buildings were designed by different architects but form a unified whole through the use of a common repertoire.

The semi-circular headquarters building, with a golden crown on the roof, is centrally located on the symmetrical axis of the development. The office, as with the other office buildings, is clad with of terracotta-coloured brick and is vertically partitioned into a plinth (at the base), a main volume (in the middle), and a pronounced 'cornice' (at the top). The brick of the main volume is partly covered by white concrete screens. The spaces between these screens and the facade function like bays and give the office storeys extra depth.

The main entrance in the centre of the building provides access to an interior that contrasts sharply with the exterior in terms of design and materials.

The arrangement of the ground floor of the KPN headquarters on the Maanweg emphasizes the building's spaciousness. It is a composition of 'islands', each with its own specific atmosphere and function. They are differentiated by, among other things, the combination of colours, the materials in the walls that delineate them, the floor coverings and the furniture. Some of this furniture was designed especially for this project, including the sky-blue chairs, the wooden tables and the lacquered sideboards in the executive restaurant.

One of the most striking spaces in the headquarters building is the 1200-seat company restaurant. This restaurant, designed as a conservatory in glass and wood, is situated at the rear of the building between two office wings.

Client
Maanweg cv (Multi Vastgoed bv, Wilma Bouw)

Client interior
KPN Vastgoed, The Hague

Location
The Hague, Maanweg

Programme
22,250 m2 GFA building 5 (including shared restaurant), 4,700 m2 GFA building 10, 12,400 m2 GFA building 11 (yet to be completed)

Programme interior
4,450 m2 GFA ground floor of building 5 (KPN Telecom headquarters)

Construction
1997-2000

Design team
Cees Dam, Diederik Dam, Eric Priester, Klaas Smedema, Jan Tor

Project architect
Eric Priester

Project architect interior
Klaas Smedema

Project manager
Nico van der Horst

Project team
Edgar Colin, Gerard Maas, Michael Noordam, Marc Stoop, Roderik van der Weijden

Basic concept
T+T Design, Gouda

Project collaboration
B & D Architects, Oosterbeek, T+T Design, Gouda, Witt & Jongen Architects, Amsterdam

Urban design
T+T Design, Gouda

Landscape architecture
Delta Vormgroep, Utrecht

villa kpn

Gerechtsgebouw
Lelystad

Een gerechtsgebouw is functioneel gezien een complex gebouw. Enerzijds vervult het gebouw een duidelijk publieke functie, anderzijds dient een gedeelte streng afgeschermd en gesloten te zijn. Bij het ontwerp voor het gerechtsgebouw in Lelystad speelt de verhouding tussen deze twee aspecten, openheid en bescherming, een centrale rol.

Het gebouw is gesitueerd aan een plein recht tegenover het station. Tezamen met het station vormt het gerechtsgebouw het profiel van dit plein. De hoofdopzet van het gebouw is lineair en evenwijdig aan de spoorbaan geprojecteerd. Aan de spoorbaanzijde wordt de gevel bepaald door horizontale stroken met ramen waarachter zich de kantoren bevinden. De relatie met het plein wordt gelegd door een gebouwhoge arcade, de klassieke metafoor voor een gerechtsgebouw. In het midden van het gerechtsgebouw, op de as met de in- en uitgang van het station, bevindt zich de hoofdentree die toegang geeft tot de gebouwhoge, centrale ontvangsthal. Hier zijn de verschillende elementen zoals de trappen en de lift vrij in de ruimte geplaatst. De hal maakt tevens onderdeel uit van een groot glazen volume waarachter de zittingzalen zijn geprojecteerd. Samen met de eveneens transparant vormgegeven bibliotheek geeft het uitdrukking aan de publieke functie van het gerechtsgebouw. Van buiten af kan men de rechtsgang volgen: van de raadpleging van de wetboeken in de bibliotheek tot de magistraten die in en uit de zittingzalen lopen. Deze beweging wordt weerspiegeld in een vijver rondom dit gedeelte van het gebouw.

In het souterrain bevindt zich het extra beveiligde gebied, de ruimten voor de parktetpolitie en de raad- en verhoorkamers voor de rechtercommissaris. Personen in hechtenis kunnen ongezien via de achterzijde het gebouw betreden en via een korte verticale verbindingszone snel de zittingzalen bereiken.

Opdrachtgever
Vastgoed Visarenddreef bv, ING Vastgoed Ontwikkeling bv, Den Haag, Rijksgebouwendienst, directie Oost

Locatie
Lelystad, Stationsplein

Programma
5800 m² BVO

Realisatie
1998-2001

Ontwerpteam
Cees Dam, Diederik Dam, Rob Eijgenbrood

Projectarchitect
Rob Eijgenbrood

Projectteam
Edgar Colin, Wout Deckwitz, Bas van 't Ende, Ron Keesom, Sander Mirck, Klaas Smedema, Marc Stoop, David van de Vlag

Stedenbouwkundig plan
Adriaan Geuze (West 8, Landscape Architects, Rotterdam)

Architectural graphics
Josephine Dam-Holt

Beeldende kunst
Auke de Vries

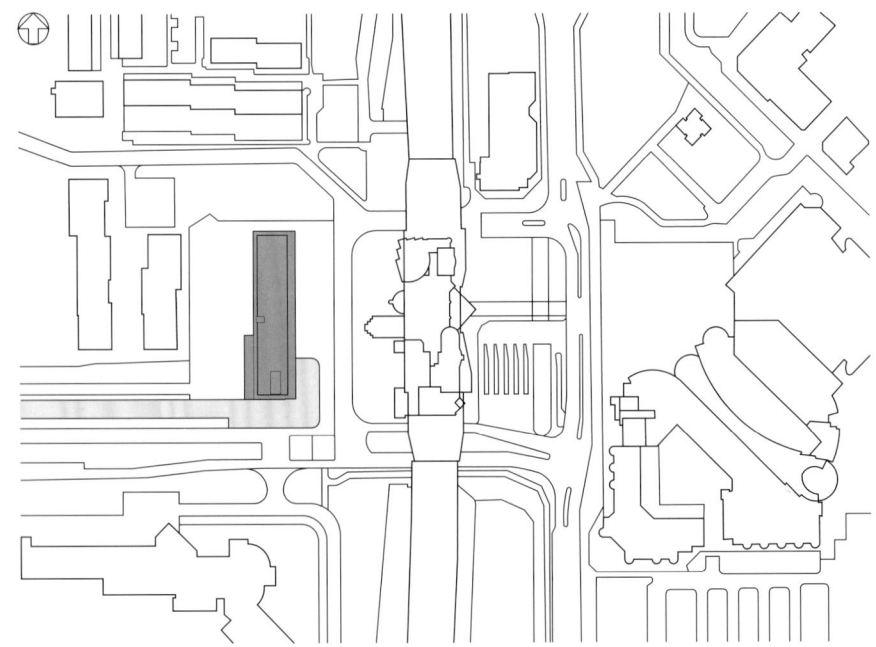

Courthouse
Lelystad

In functional terms a courthouse is a complex building. On the one hand the building fulfils an explicit public function, on the other, part of it should be highly secure and enclosed. The balance between these two aspects, between openness and enclosure, plays a key role in the design for the courthouse in Lelystad.

The building is situated on a square directly opposite the station. The courthouse and the station jointly define the profile of this area. The basic layout of the building is linear and projected parallel with the railway. The facade looking towards the railway has horizontal bands with windows behind which the offices are situated. The relation to the plaza is established with an arcade as high as the building, the classic metaphor for a courthouse. The main entrance is at the middle of the courthouse, along the axis of the entrance and exit of the railway station, and gives access to the central reception area that extends to the full height of the building. The different elements such as the stairways and the lift are placed as freestanding objects in this reception space. The foyer is also part of a large glazed volume behind which the courtrooms are projected. Along with the equally transparent design of the library, this is an expression of the public function of the courthouse. The public can follow the judicial process from outside, from the consultation of the law books in the library to the magistrates walking in and out of the courtrooms. This movement is mirrored in a water feature surrounding this part of the building.

The high-security area, the accommodation for the court police, as well as the judge's chambers and interview rooms for the examining magistrates, are situated in the basement. People detained in custody can enter the building unseen from the rear and quickly reach the courtrooms via a short, vertical connecting zone.

Client
Vastgoed Visarenddreef bv, ING Vastgoed Ontwikkeling bv, Government Buildings Agency, Eastern directorate

Location
Lelystad, Stationsplein

Programme
5800 m² GFA

Construction
1998-2001

Design team
Cees Dam, Diederik Dam, Rob Eijgenbrood

Project architect
Rob Eijgenbrood

Project team
Edgar Colin, Wout Deckwitz, Bas van 't Ende, Ron Keesom, Sander Mirck, Klaas Smedema, Marc Stoop, David van de Vlag

Urban design
Adriaan Geuze (West 8, Landscape Architects, Rotterdam)

Architectural graphics
Josephine Dam-Holt

Visual art
Auke de Vries

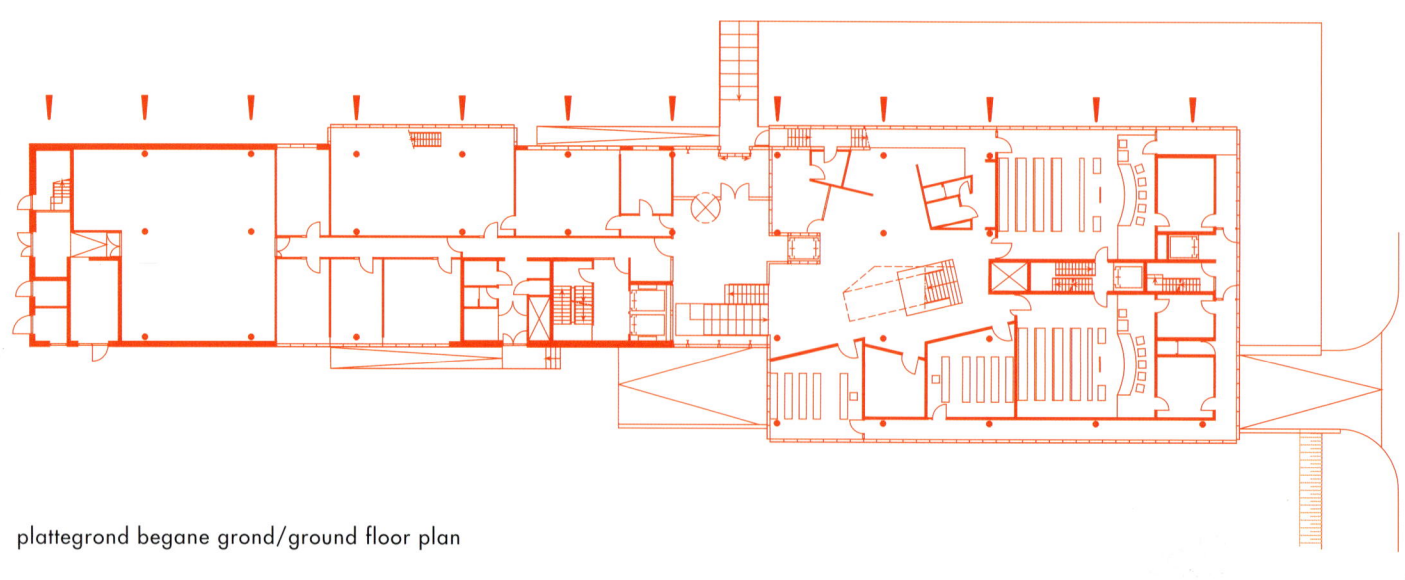

plattegrond begane grond/ground floor plan

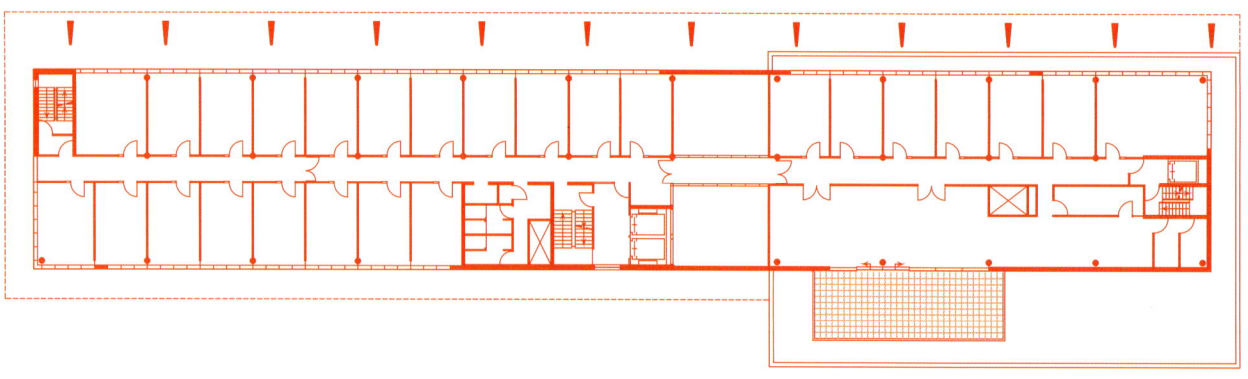

plattegrond eerste verdieping/first floor plan

Kantoorgebouw en interieur Blauwhoed
Rotterdam

Het kantoorgebouw is een van de vier kantoorgebouwen die Dam en Partners Architecten hier heeft ontworpen. Het ligt in het kantorenpark Brainpark-Noord in Rotterdam, waarvoor al eerder een masterplan was opgesteld. Dit masterplan bestaat uit richtlijnen voor de plaats en de omvang van de gebouwen, het gebruik en de kleur van het metselwerk en de verticale driedeling van de gebouwen.

Het middendeel van de transparante gevels van het kantoorgebouw is voorzien van verticale, bakstenen stijlen. Hierdoor verandert het beeld met de zichthoek: recht voor het gebouw ziet de gevel er open uit, terwijl deze vanuit een schuiner standpunt een gesloten indruk maakt.

Het L-vormige gebouw wordt ontsloten door twee sculpturale trappen en een brede centrale gangzone met vides en kolommen aan weerszijden over meerdere verdiepingen. Alleen de vloer van de derde verdieping is vanwege de brandveiligheid geheel gesloten. Boven de derde verdieping vormen de vides één grote ruimte. In het onderste deel van het gebouw is de ruimtelijke complexiteit van de vides het grootst.

Hoewel vrijwel alle werkplekken in individuele kamers zijn opgedeeld, is ruimtelijkheid ook in horizontale zin bereikt door glazen gangwanden te gebruiken. Door een uitgekiende opzet van de installatie op basis van natuurlijke ventilatie was het niet nodig in de kantoorruimten verlaagde plafonds aan te brengen. Nagenoeg alle ruimten kunnen daardoor verlicht worden met indirect licht via de hoge plafonds.

Opdrachtgever
Blauwhoed Vastgoed bv, Rotterdam

Locatie
Rotterdam, Lichtenauerlaan / Brainpark II

Programma
3675 m² BVO

Realisatie
1997-2000

Ontwerpteam
Cees Dam, Diederik Dam, Eric Priester

Projectarchitect
Eric Priester

Projectmanager interieur
René Vellekoop

Projectteam
Edwin van Heijningen, Medard Jordan, Marc Stoop, René Vellekoop

Stedenbouwkundig plan
dS+V, Rotterdam

Landschapsarchitectuur
Annette de Koning

Architectural graphics
Josephine Dam-Holt

Blauwhoed office building and interior
Rotterdam

This office building is one of four that Dam & Partners Architects has designed here. It stands in the Brainpark-Noord office park in Rotterdam, for which a masterplan had already been formulated. This masterplan establishes guidelines for the placement and the size of the buildings, the application and the colour of the masonry and the tripartite vertical division of the buildings.

The transparent facade of the middle section of the office buildings has vertical, brick stiles. This alters the visual effect depending on the viewing angle. From directly in front of the building the facade looks open; from a more oblique standpoint it makes a closed impression.

The L-shaped building is opened up by two sculptural staircases and a wide, central corridor zone with empty space and columns on either side extending over several storeys. Only the floor of the third storey is completely closed for fire safety reasons. Above the third storey the voids form a single large space. The spatial complexity of the empty spaces is greatest in the lowest part of the building.

Although almost all the work places are subdivided into individual rooms, there is still a sense of horizontal spaciousness due to the use of glazed corridor walls. Thanks to a sophisticated design of services, on the basis of natural ventilation, it was not necessary to use lowered ceilings in the office spaces. This means that nearly all the spaces can be illuminated with indirect light via the high ceilings.

Client
Blauwhoed Vastgoed bv, Rotterdam

Location
Rotterdam, Lichtenauerlaan / Brainpark II

Programme
3675 m² GFA

Construction
1997-2000

Design team
Cees Dam, Diederik Dam, Eric Priester

Project architect
Eric Priester

Project manager interior
René Vellekoop

Project team
Edwin van Heijningen, Medard Jordan, Marc Stoop, René Vellekoop

Urban design
dS+V, Rotterdam

Landscape architecture
Annette de Koning

Architectural graphics
Josephine Dam-Holt

Kantoor AVBB (prijsvraag)
Utrecht-Papendorp

De vormgeving van dit prijsvraagontwerp voor een kantoor wordt gekarakteriseerd door drie veelvormige, open en gesloten bouwvolumes die rond een ontvangstplein zijn gesitueerd. Door de toepassing van een specifieke dakvorm over het gehele complex is er een duidelijke eenheid en worden de losse elementen samengevoegd. Dit is bereikt door de verschillende noklijnen van het dak evenwijdig met elkaar te laten lopen.

De eerste verdieping van het complex is de belangrijkste en als zodanig vormgegeven. Vanaf de weg voert een brede, theatrale trap met aan weerszijden een hellingbaan voor auto's naar het verhoogde ontvangstplein, dat is gelegen tussen de bouwdelen naar deze verdieping. Een cirkelvormige hellingbaan voert vervolgens naar de verdiepte en onder het kantoor gelegen parkeergarage. Het kantorencomplex lijkt door de projectie van de parkeerlaag en een tussenverdieping met kantoren onder de belangrijke eerste verdieping – het principe van een piano nobile – van de aarde opgetild. Over het ontvangstplein verbindt een in het oog springende en diagonaal geplaatste loopbrug de verschillende gebouwdelen met elkaar.

De transparantie van de bouwvolumes wordt in het interieur versterkt door binnenhoven en -tuinen.

Opdrachtgever
Algemeen Verbond van Bouwbedrijven, Den Haag

Locatie
Utrecht-Papendorp

Programma
8370 m² BVO kantoren

Ontwerp
1997-

Ontwerpteam
Cees Dam, Diederik Dam

Projectteam
Edgar Colin, Christoph Grafe, Chris Swagers, Tonko Leemhuis, Guido Peters, Martijn de Potter, Katharina Stühmeyer

Stedenbouwkundig plan
Office for Metropolitan Architecture

AVBB office building (competition entry)
Utrecht-Papendorp

Three multiform, open and enclosed volumes arranged around a reception area dominate the design of this competition entry for an office. The application of a specific roof form over the whole complex establishes an obvious unity and consolidates the separate elements. This is achieved by having the various roof ridges run parallel with each other.

The first floor of the complex is the most important and is designed as such. A wide, theatrical flight of steps leads to this level from the roadway, to the raised reception area between the main volumes of the building, with an ascending ramp for cars on either side. A circular, inclined ramp then leads down below ground to the parking garage beneath the office. Due to the projection of the parking layer and a mezzanine with offices beneath the most important first floor – the principle of a piano nobile – the office complex seems to be lifted from the earth. An eye-catching walkway running diagonally above the reception area interconnects the different parts of the building.

The enclosed courtyards and gardens of the interior amplify the transparency of the building's volumes.

Client
Algemeen Verbond van Bouwbedrijven, The Hague

Location
Utrecht-Papendorp

Programme
8,370 m² of office space

Design
1997-

Design team
Cees Dam, Diederik Dam

Project team
Edgar Colin, Christoph Grafe, Chris Swagers, Tonko Leemhuis, Guido Peters, Martijn de Potter, Katharina Stühmeyer

Urban design
Office for Metropolitan Architecture

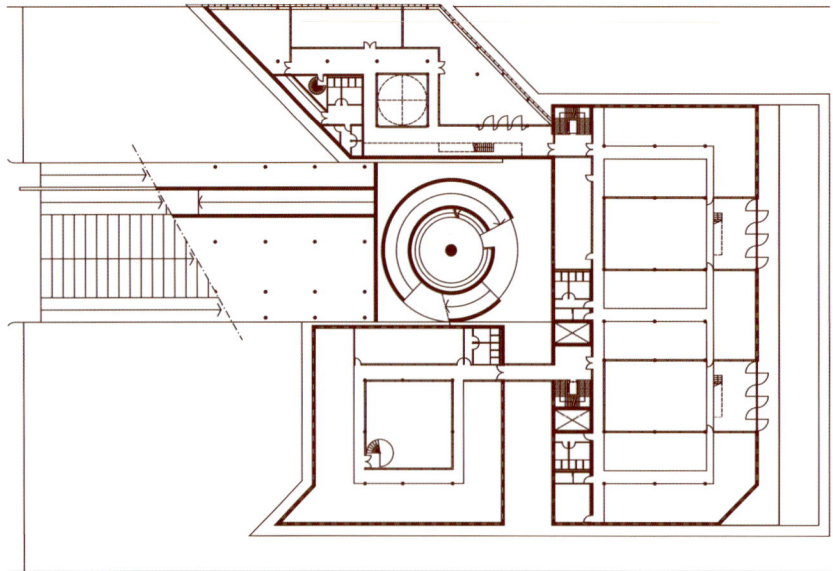

plattegrond begane grond/ground floor plan

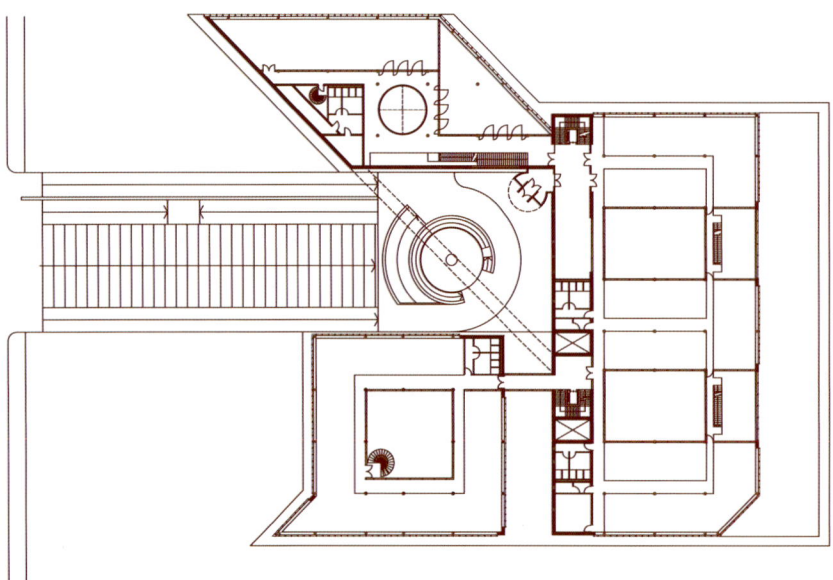

plattegrond eerste verdieping/first floor plan

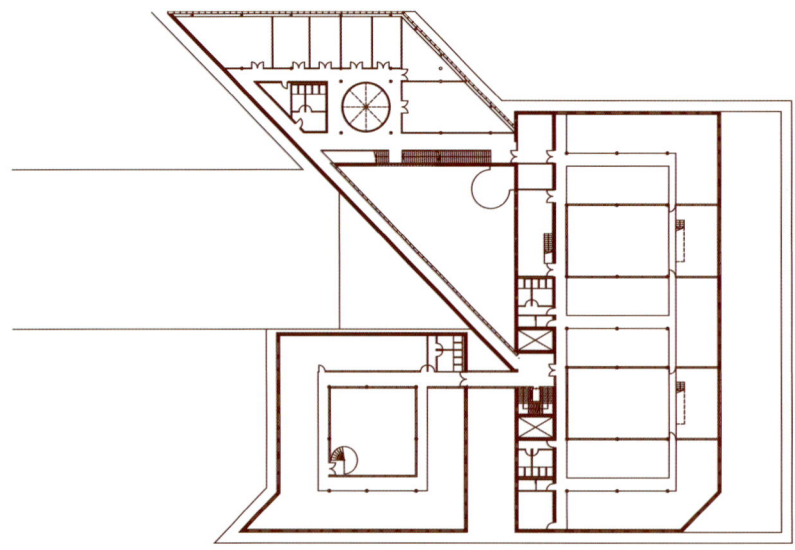

plattegrond tweede verdieping/second floor plan

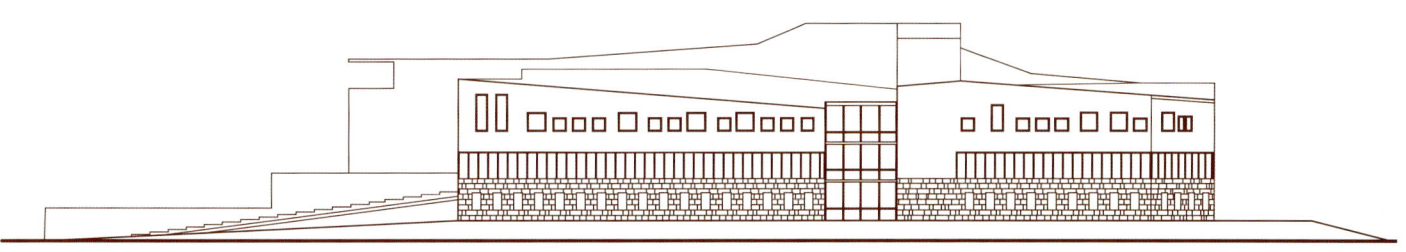

westgevel/west facade

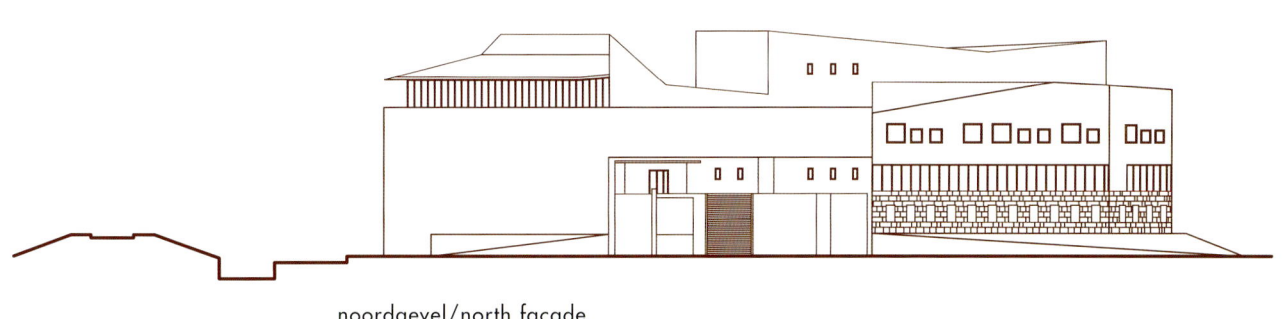

noordgevel/north facade

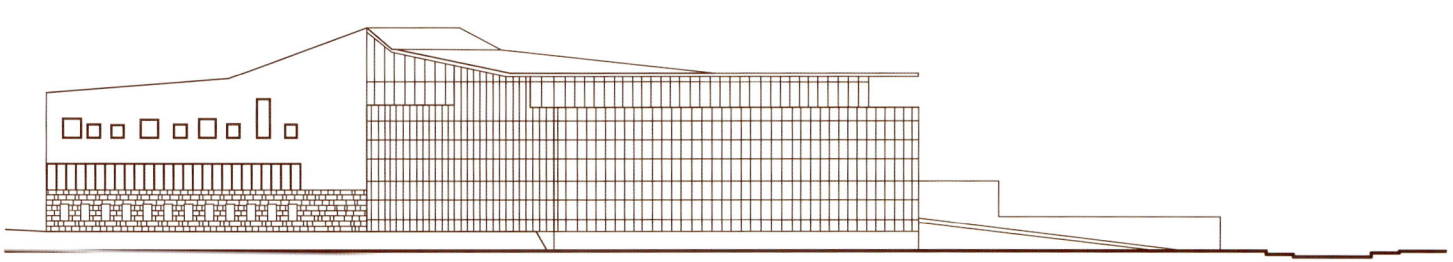

oostgevel/east facade

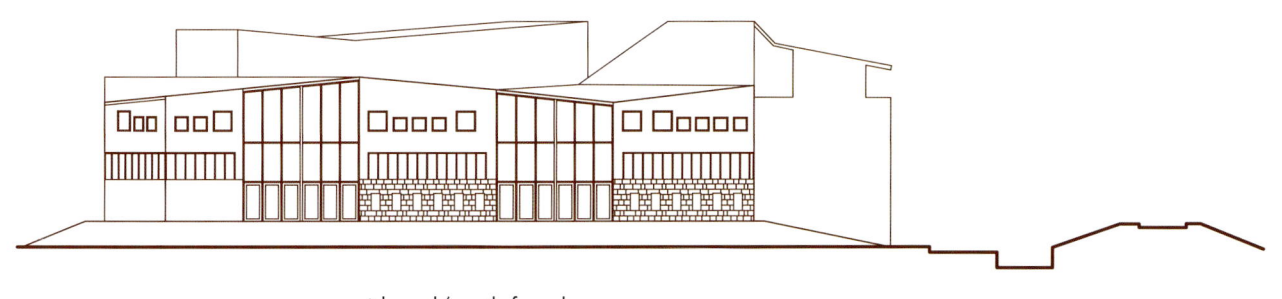

zuidgevel/south facade

Kantoren Teleport

Amsterdam

Op het kantorenpark Teleport in Amsterdam staan zeven kantoorgebouwen op een talud van halfverdiepte parkeergarages. De gebouwen zijn gegroepeerd rond een groot middengebied dat het karakter heeft van een groene binnenruimte. Het verschil tussen de binnen- en buitenruimte komt bij de vormgeving van de gebouwen tot uitdrukking in de gevels. De gevels aan de buitenzijde zijn opgevat als wand en opgebouwd uit robuust metselwerk van breuksteen met plaatselijk (boven de stroken natuursteen) contrasterend wit pleisterwerk. Rond het middengebied zijn de gevels 'open' en wit gepleisterd.

Opdrachtgever
Amstelland Ontwikkeling Vastgoed, Nieuwegein (kantoren 4, 5 en 6), H2O v.o.f., Amsterdam (kantoren 3 en 8)

Locatie
Amsterdam, Naritaweg

Programma
3200 m² BVO gebouw 3, 5600 m² BVO gebouw 4, 9300 m² BVO gebouw 5, 3600 m² BVO gebouw 6, 5300 m² BVO gebouw 8

Realisatie
1998-2001

Ontwerpteam
Cees Dam, Diederik Dam, Huib van Zeijl

Projectarchitect
Huib van Zeijl

Projectmanager
Nico van der Horst

Projectteam
Roemer Bech, Edgar Colin, Wout Deckwitz, Rob Eijgenbrood, Medard Jordan, Chris Koop, Frank Putter

Stedenbouwkundig plan
dRO, Amsterdam

Landschapsarchitectuur
dRO, Amsterdam

Teleport offices
Amsterdam

The Teleport office park in Amsterdam comprises seven office buildings on the edge of sunken parking garages. The buildings are grouped around a large central zone that has the character of a green interior space. The difference between the inner and outer space is expressed in the design of the facades of the buildings. The outer facades are conceived as a wall and constructed of robust masonry of rubble with occasional contrasting white plasterwork above the bands of natural stone. Around the central zone, the facades are 'open' and plastered white.

Client
Amstelland Ontwikkeling Vastgoed, Nieuwegein (offices 4, 5 and 6), H2O v.o.f, Amsterdam (offices 3 and 8)

Location
Amsterdam, Naritaweg

Programme
3200 m² GFA building 3, 5600 m² GFA building 4, 9300 m² GFA building 5, 3600 m² GFA building 6, 5300 m² GFA building 8

Construction
1998-2001

Design team
Cees Dam, Diederik Dam, Huib van Zeijl

Project architect
Huib van Zeijl

Project manager
Nico van der Horst

Project team
Roemer Bech, Edgar Colin, Wout Deckwitz, Rob Eijgenbrood, Medard Jordan, Chris Koop, Frank Putter

Urban design
dRO, Amsterdam

Landscape architecture
dRO, Amsterdam

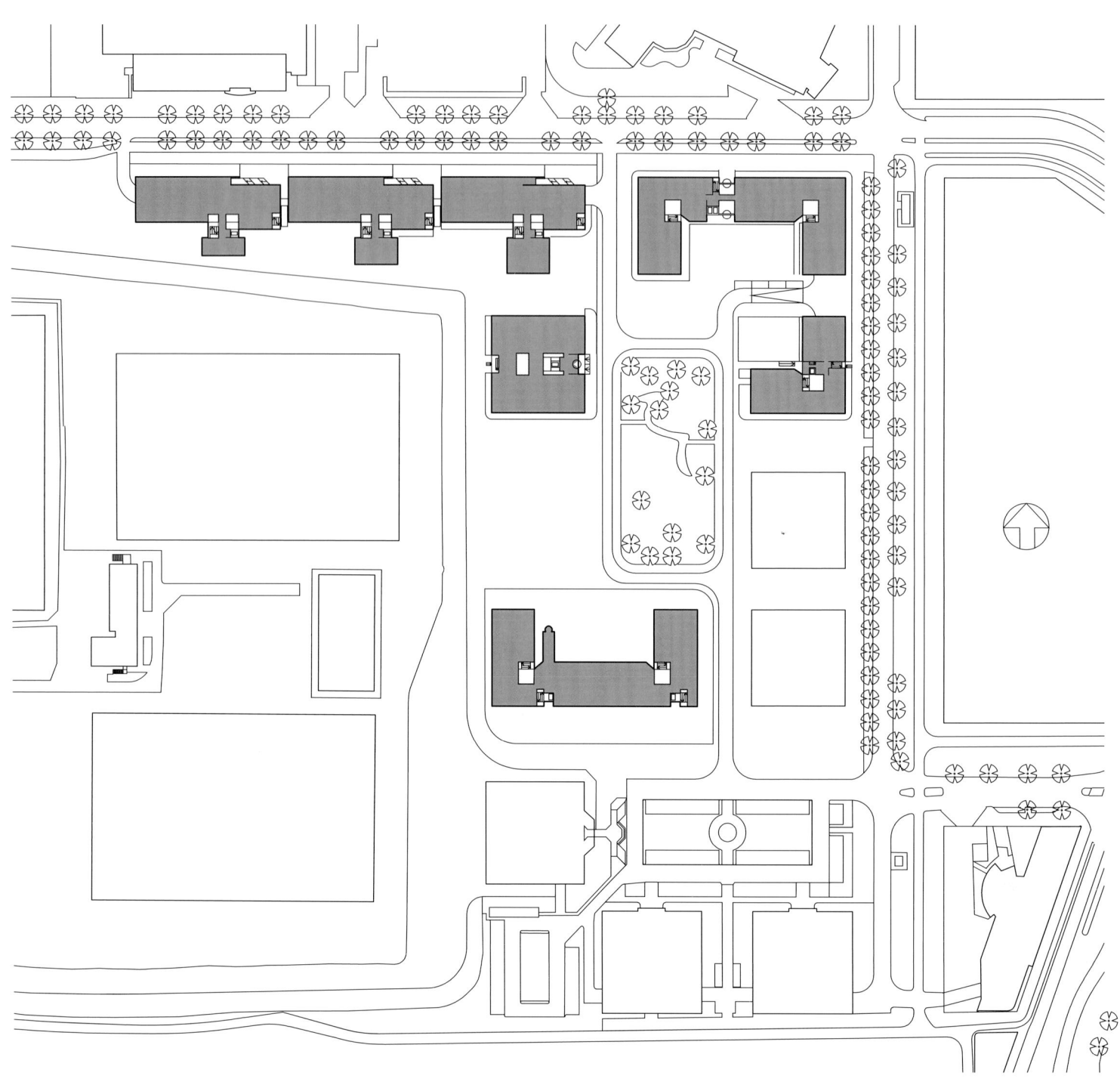

situatie/site plan

Kantoren Parade
Amstelveen

Dit kantoorcomplex bestaat uit vier hoofdvolumes die samen een court vormen op het rechthoekige terrein. Het binnenplein ligt half verhoogd boven het maaiveld, waardoor ruimte ontstaat voor een verdiept parkeerdek dat zich uitstrekt onder het gehele complex. Het plein fungeert als een podium waaraan de hoofdentrees van de verschillende gebouwen zijn gelegen. Deze binnenruimte is een oase van stilte in vergelijking met de drukke verkeersweg (Beneluxbaan) die langs het complex loopt. Zij opent zich aan de stille zijde van het terrein, waar de hellingbanen zijn geplaatst die toegang verschaffen tot de parkeerkelder en het binnenplein.

De los geplaatste gebouwvolumes worden ruimtelijk bijeengehouden door een ranke, bakstenen pergola. Dit scherm geeft een extra gelaagdheid aan het binnenplein: het loopt voor twee gebouwen langs, terwijl het twee andere gebouwen omsluit.

De tegenstelling tussen binnenplein en de wereld daarbuiten wordt ook in de gevels tot uitdrukking gebracht. De gevels die de buitenkant afbakenen zijn van rood metselwerk en vormen de harde buitenschil van het complex. De binnengevels zijn opgebouwd uit witte, geprofileerde, betonnen gevelpanelen. De pilasters in de panelen geven deze gevels verticale accenten en een horizontale geleding.

In de rode buitengevel is op een aantal plaatsen kieren gemaakt. Daar bevinden zich, achter een terugliggende pui, de trappenhuizen en de liften. De sterk horizontale geleding van deze puien zet zich in een gedeeltelijk gesloten variant voort in de dakopbouwen. Door een zorgvuldige benadering van de omgeving – het vormen van een plein dat de sfeer oproept van een piazza en een aan de traditie refererende gevelcompositie – heeft dit kantoorcomplex een uitermate warme uitstraling gekregen.

Opdrachtgever
Maarsen Bouw bv, Amstelveen

Locatie
Amstelveen, Handelsweg / Beneluxbaan

Programma
17750 m² BVO kantoren, 6150 m² BVO parkeerruimte

Realisatie
1996-1999

Ontwerpteam
Cees Dam, Diederik Dam, Medard Jordan, Tonko Leemhuis, Eric Schotte, Nico van der Horst

Projectarchitect
Tonko Leemhuis

Projectmanager
Nico van der Horst

Projectteam
Harm Freymuth, Ron Keesom, Chris Koop

Beeldende kunst
Armando

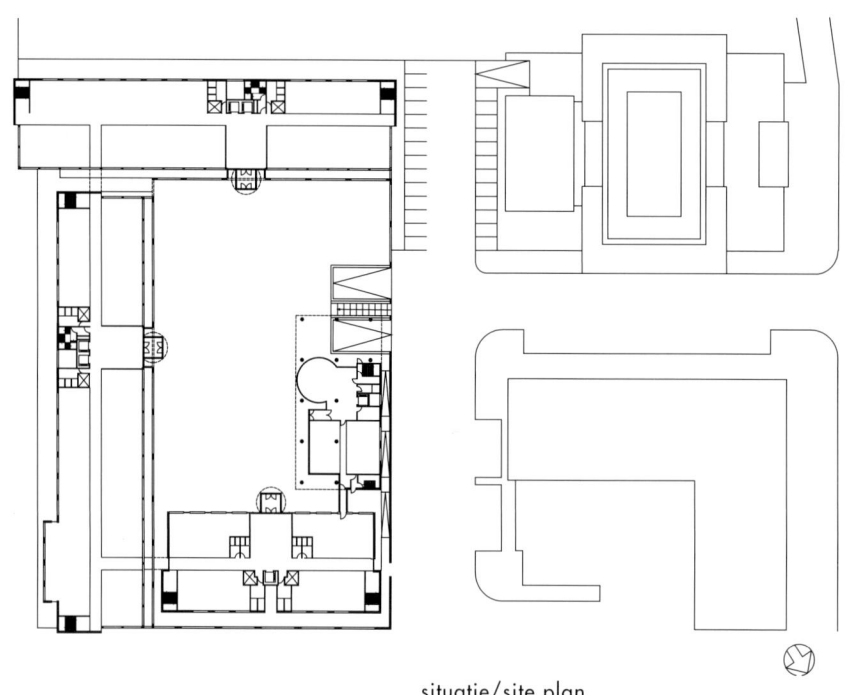

situatie/site plan

Parade offices

Amstelveen

This office complex consists of four main volumes that together enclose a court on the rectangular site. The inner courtyard is raised halfway above the lawn, which creates space for a sunken parking deck stretching under the whole complex. The courtyard functions as a podium around which the main entrances of the various buildings are situated. This enclosed space is a silent area compared with the busy roadway (Beneluxbaan) that runs alongside the complex. The court is open toward the quiet side of the site, where the sloping ramps that provide access to the parking cellar and the inner court are situated.

The detached building volumes are spatially united by a slender brick pergola. This screen gives the inner court an added layered quality, running alongside two buildings while encircling the other two.

The contrast between the inner courtyard and the world beyond is also expressed in the facades. The facades that demarcate the outside of the complex are of red brickwork and form the hard outer shell of the complex. The inner facades of the complex are constructed from white, moulded concrete panels. The pilasters in the panels lend this facade a vertical accent and a horizontal segmentation.

There are interruptions in a number of places on the red facade, behind which a recessed entrance, the staircases and the lifts are located. The sharply horizontal segmentation of these entrances is continued in a partially enclosed variant in the roof construction. A careful approach to the surroundings – the creation of a courtyard that evokes the ambience of a piazza and a facade composition with references to tradition – has given this office complex an uncommonly warm look.

Client
Maarsen Bouw bv, Amstelveen

Location
Amstelveen, Handelsweg / Beneluxbaan

Programme
17,750 m² GFA offices, 6,150 m² GFA parking

Construction
1996-1999

Design team
Cees Dam, Diederik Dam, Medard Jordan, Tonko Leemhuis, Eric Schotte, Nico van der Horst

Project architect
Tonko Leemhuis

Project manager
Nico van der Horst

Project team
Harm Freymuth, Ron Keesom, Chris Koop

Visual art
Armando

Kantoor, bedrijfshal en interieur Publex
Diemen

Een complex van bedrijfsruimten en een kantoor zijn hier als autonome gebouwen ontworpen. De gevels van de U-vormige en tien meter hoge bedrijfshal hebben een karakteristiek patroon van horizontale, zwartwitte banden. De gevel van de binnenhof is samengesteld uit gele metalen beplating die als een binnenvoering naar buiten is gevouwen.

De vormgeving van het kantoor is delicater. Dit gebouw met een lensvormige plattegrond en een beeldbepalende, oplopende dakrand is door een loopbrug verbonden met de bedrijfsruimte. Het gevelbeeld wordt bepaald door horizontale raamstroken en verticale stijlen van bronskleurig metaal, die boven de schuine dakrand uitsteken. De entree van het kantoor wordt gevormd door een portiek dat toegang geeft tot de op de begane grond gelegen centrale hal, het restaurant en de kantoren voor de administratie. Op de tweede en derde verdieping zijn de algemene kantoren gegroepeerd om een vide. De scheidingswanden tussen de kantoren zijn gesloten. De wand tussen de kantoren en de gang zijn van glas. Op de bovenste verdieping bevindt zich de vergaderzaal waarin de dakvorm zich duidelijk manifesteert.

Opdrachtgever
Bouwbedrijf Midreth bv, Mijdrecht

Opdrachtgever interieur
Publex bv, Diemen

Locatie
Diemen, Stammerdijk

Programma
1600 m² BVO kantoor, 8000 m² BVO bedrijfshal

Realisatie
1998-2000

Ontwerpteam
Diederik Dam, Rob Eijgenbrood

Projectarchitect
Rob Eijgenbrood

Projectmanager
Wout Deckwitz, René Vellekoop (interieur)

Projectteam
Roemer Bech, Wout Deckwitz, Lucas Eisenhardt, Michael Noordam

Stedenbouwkundig plan
Dam en Partners Architecten

Landschapsarchitectuur
Dam en Partners Architecten

Publex office, industrial space and interior
Diemen

A complex of factory spaces and an office has been designed as autonomous buildings. The facades of the U-shaped, ten-metre-high industrial plant have a distinctive pattern of horizontal black-and-white edging. The facade overlooking the inner courtyard is constructed from yellow metal plates that are folded outwards like an inner lining.

The design of the office is more delicate. This building on a lenticular plan with distinctive, steeply angled eaves is connected to the factory space by a footbridge. The facade is defined by horizontal bands of windows and vertical columns of bronze-coloured metal, which stick out above the sloping eaves. The entrance to the office is formed by a portico that gives access to the central foyer, restaurant and administrative offices on the ground floor. The general offices are grouped around a vide on the second and third floors. The partition walls between the offices are solid. The wall between the offices and the corridor is made of glass. On the top floor there is a conference room that shows off the form of the roof.

Client
Bouwbedrijf Midreth bv, Mijdrecht

Client interior
Publex bv, Diemen

Location
Diemen, Stammerdijk

Programme
1600 m² GFA office, 8000 m² GFA industrial space

Construction
1998-2000

Design team
Diederik Dam, Rob Eijgenbrood

Project architect
Rob Eijgenbrood

Project manager
Wout Deckwitz, René Vellekoop (interior)

Project team
Roemer Bech, Wout Deckwitz, Lucas Eisenhardt, Michael Noordam

Urban design
Dam & Partners Architects

Landscape architecture
Dam & Partners Architects

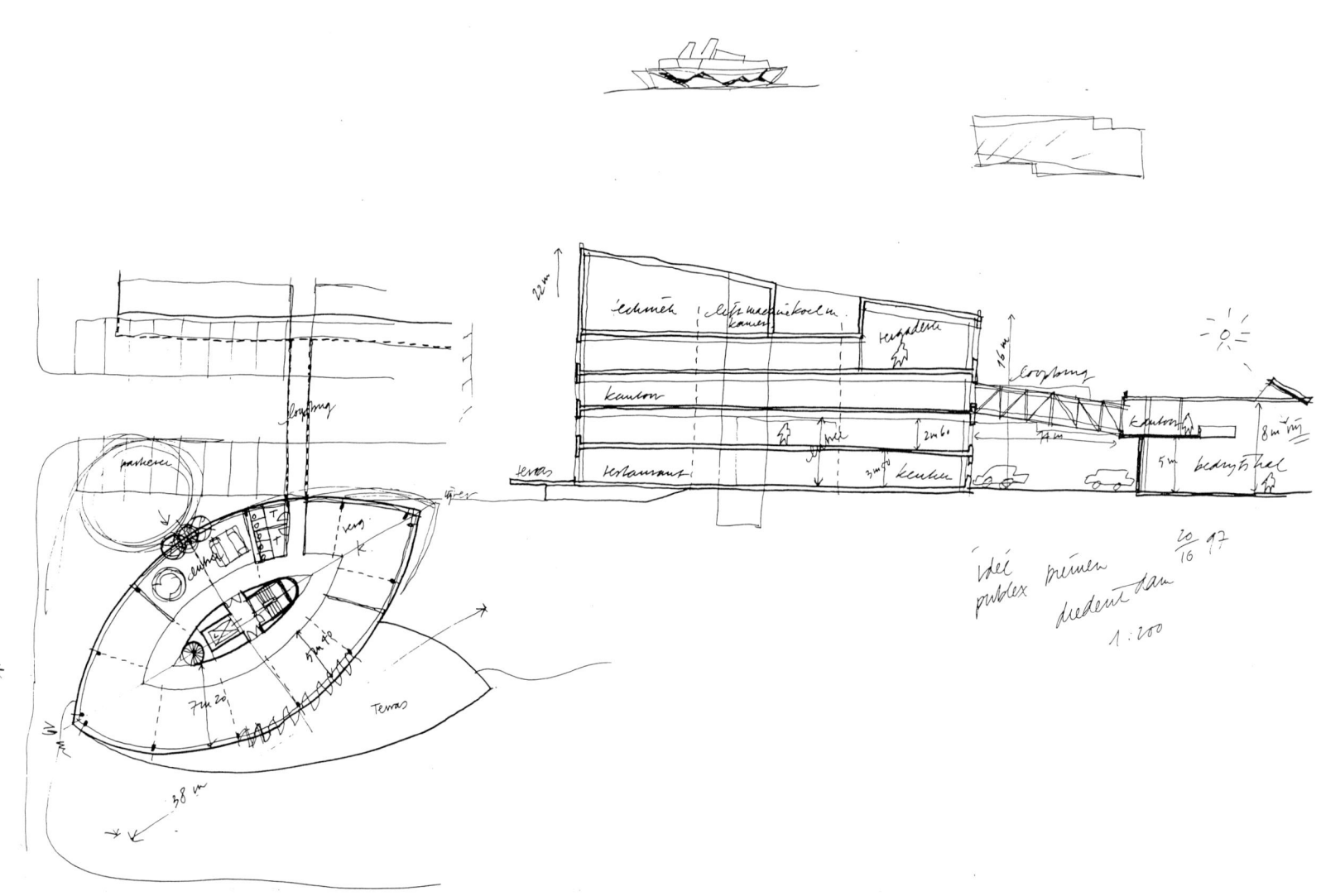

Kantoren en interieurs Horapark
Ede

De bosrijke omgeving leent zich voor een campusachtige opzet die men eerder bij een kliniek of sanatorium zou verwachten dan bij kantoren. Het complex bestaat uit een aantal losse gebouwen die worden verbonden door een opgetilde, transparante galerij. De gebouwen hebben een paar architectonische kenmerken gemeen: de gevels aan de buitenzijde zijn van een lichtgele baksteen en de ramen zijn verfijnd gedetailleerd met houten kozijnen en gerangschikt in een verticaal verspringend patroon. Ze contrasteren met de transparante glasgevels rond de binnenhoven. De binnenhoven, aangelegd als tuinen met waterpartijen, liggen boven halfverdiepte parkeergarages en geven elk gebouw een eigen karakter. Bij de een maakt de binnenhof deel uit van de entree, terwijl bij een ander de binnenhof alleen van binnenuit zichtbaar is.

Opdrachtgever
De Steltenberg Vastgoedontwikkelingen bv, Leusden

Locatie
Ede, Horapark

Programma
4000 m² BVO kantoor I, 3500 m² BVO kantoor II, 4100 m² BVO kantoor III, 4350 m² BVO kantoor IV

Realisatie
fase I: 1989-1991, fase IV: 2000-2001

Ontwerpteam
Cees Dam, Diederik Dam, Kees de Kock, Henk Heijink, Medard Jordan, Eric Priester

Projectarchitecten
Kees de Kock, Medard Jordan

Projectteam
Wout Deckwitz, Dennis de Jong, John Kumpar, Marc Stoop

Stedenbouwkundig plan
Dam en Partners Architecten

Architectural graphics
Josephine Dam-Holt

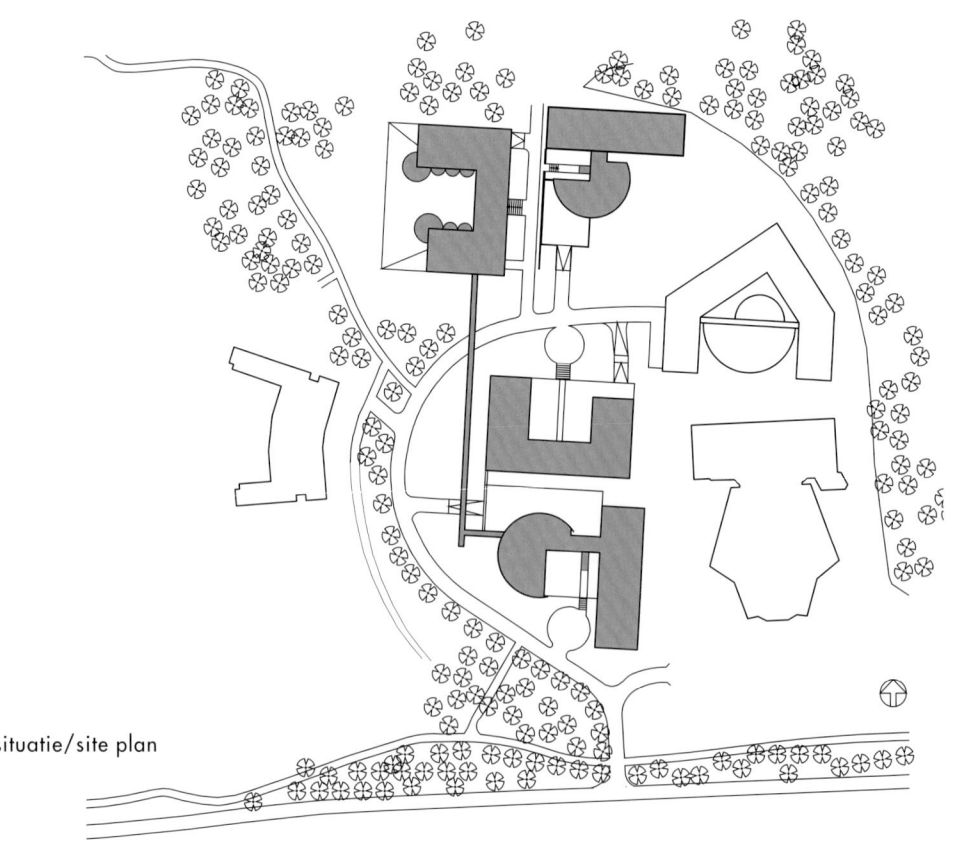

situatie/site plan

Horapark offices and interior
Ede

The woodland environment lends itself to a campus-like layout that you might expect with a clinic or a sanatorium rather than for offices. The complex comprises a number of separate buildings connected by a raised, transparent gallery. The buildings have a few architectural features in common: the facades on the outside are constructed of light-yellow brick and the windows are finely detailed with wooden casings and arranged in a vertically staggered pattern. They contrast with the transparent glazed facades around the inner courtyards. These courtyards, laid out as gardens with water features, stand atop semi-subterranean parking garages and give each building its own particular character. For one building the courtyard constitutes part of the entrance, while for another the courtyard is only visible from within the building.

Client
De Steltenberg Vastgoedontwikkelingen bv, Leusden

Location
Ede, Horapark

Programme
4000 m^2 GFA office I, 3500 m^2 GFA office II, 4100 m^2 GFA office III, 4350 m^2 GFA office IV

Construction
phase I: 1989-1991, phase IV: 2000-2001

Design team
Cees Dam, Diederik Dam, Kees de Kock, Henk Heijink, Medard Jordan, Eric Priester

Project architects
Kees de Kock, Medard Jordan

Project team
Wout Deckwitz, Dennis de Jong, John Kumpar, Marc Stoop

Urban design
Dam & Partners Architects

Architectural graphics
Josephine Dam-Holt

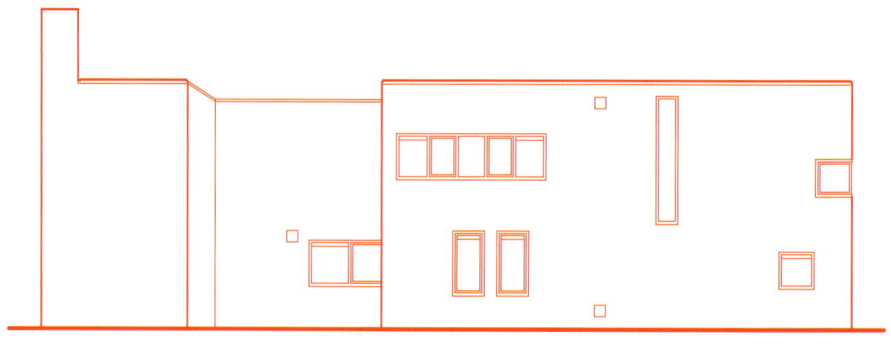

noordgevel/north facade

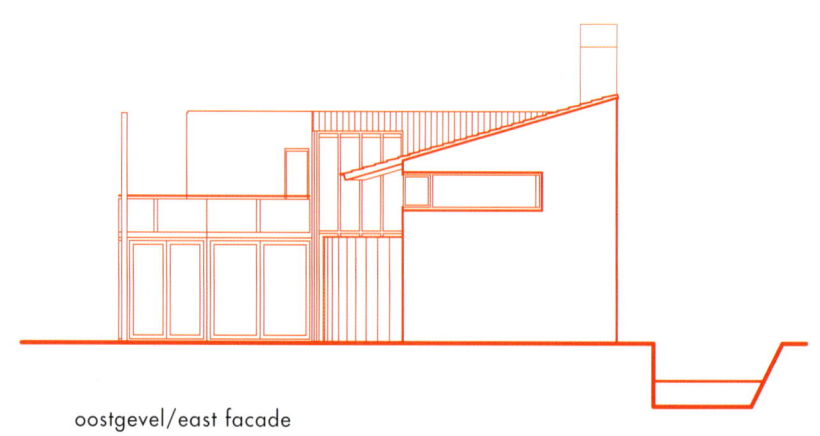

oostgevel/east facade

Centrum voor psychiatrie Bavo
Capelle a/d IJssel

Gebouwen voor de gezondheidszorg, waaronder ook die voor de verpleging van psychiatrische patiënten, kenmerken zich vaak door een anonieme uitstraling en een sterk hiërarchische ordening. Daarmee worden de kansen onbenut gelaten om door middel van een specifieke architectonische uitwerking de (tijdelijke) bewoners een omgeving te bieden waarmee zij zich kunnen identificeren en waardoor zij zich als vanzelfsprekend thuis kunnen voelen.

Het Centrum voor psychiatrie Bavo, gelegen in een buitenwijk van Rotterdam, vermijdt de bekende karakteristieken van een ziekenhuis. Gesitueerd aan de rand van een laagbouwwoonwijk is dit centrum voor psychiatrie samengesteld uit een verzameling van vrijstaande gebouwen met ieder een herkenbare vorm en verbijzonderde architectonische elementen. De ordening van de gebouwen rondom een aantal groene en verharde gemeenschappelijke ruimten schept een ongedwongen maar niettemin voelbare eenheid. Uitgangspunt bij het ontwerp van het centrum zijn de studies van de Griekse architect en stedenbouwkundige Constantinos A. Doxiadis geweest. Doxiadis beschrijft onder meer in *Raumordnung im griechischen Städtebau* (1937) dat de buitenruimte bepalend is voor de situering en ordening van de afzonderlijke gebouwen. De ruimte tussen de gebouwen is daarmee even belangrijk als de gebouwen zelf.

Dit principe is ook hier toegepast en heeft geresulteerd in een doorlopende buitenruimte waarin een reeks specifieke paviljoens is gesitueerd. Het paviljoen voor de eerste opname bevindt zich midden op het terrein, terwijl de kleinere huizen voor de resocialisatie – de laatste fase van de behandeling – aan een woonstraat liggen, in de nabijheid van de omringende woonbebouwing. Deze opzet sluit tevens aan bij het therapeutische concept waarbij de patiënten stap voor stap weer in contact worden gebracht met de samenleving.

De stedenbouwkundige opzet kenmerkt zich door geordende informaliteit. De paviljoens zijn gerangschikt volgens een ontspannen patroon met kleine hoekverdraaiingen; een principe dat het mogelijk maakt dat ruimtelijkheid en beslotenheid samengaan en dat verrassende zichtlijnen oplevert. De paviljoens liggen rond een centraal plein met daaromheen een reeks van kleine tuinen en pleinen. Aangezien de ingang van een dergelijk instituut minder belangrijk is dan de uitgang, is de hoofdentree informeel: een smal en overdekt pad leidt tussen twee paviljoens door naar het plein. Omgekeerd fungeren de twee paviljoens als markante bakens wanneer het centrum via het plein wordt verlaten.

Door de toepassing van een gemeenschappelijke taal van geometrische vormen en door de materiaalbehandeling heeft elk paviljoen een specifieke identiteit. Voor de accenten – bijvoorbeeld in daklijsten en kozijnen – zijn onverwachte combinaties van 'stevige' kleuren gebruikt.

Opdrachtgever
Bavo RNO Groep, Capelle a/d IJssel

Locatie
Capelle a/d IJssel, Poortmolen

Programma
fase I: 7878 m² BVO, fase II: 4809 m² BVO

Realisatie
fase I: 1981-1993, fase II: 1998

Ontwerpteam
Cees Dam, Jan Tor

Projectarchitect
Jan Tor

Projectmanager
Nico van der Horst

Projectteam
Harm Freymuth, Robert Gips, Medard Jordan, Martin van der Klooster, John Kumpar, Gerard Maas, Mark Nelen, Rob Eijgenbrood

Stedenbouwkundig plan
Dam en Partners Architecten

Architectural graphics
Josephine Dam-Holt

Beeldende kunst
François Morellet

Bavo Psychiatric Clinic
Capelle a/d IJssel

Buildings for health care, including those for the care of psychiatric patients, are often characterized by their anonymity and a strictly hierarchical organization. This means that the opportunity of providing the residents, albeit temporary, with an environment with which they can identify – and thus naturally feel at home – by applying a specific architectural method has been left unexploited.

The Bavo Psychiatric Clinic, situated in a Rotterdam suburb, shuns the familiar features of a hospital. Standing on the edge of a low-rise housing estate, this psychiatric clinic consists of a collection of freestanding buildings, each with a distinctive form and differentiated architectonic elements. The arrangement of the buildings around a number of green and paved communal spaces creates an informal but nevertheless tangible unity. Studies by the Greek architect and urban planner Constantinos A. Doxiadis were the starting point for the design of the centre. In *Raumordnung im griechischen Städtebau* (The organization of space in Greek urban design) (1937), Doxiadis describes, among other things, how open space is the defining factor in the situation and organization of individual buildings. In other words, the space between buildings is just as important as the buildings themselves.

This principle is also applied here, and has resulted in a continuous outdoor space where a series of independent pavilions are situated. The pavilion for the initial intake stands in the middle of the grounds, while the smaller houses for resocialization – the last phase of the treatment – face a residential street, in close proximity to the surrounding residential buildings. This layout also dovetails with the therapeutic concept of the patient gradually being brought back into contact with society.

The site layout is characterized by orderly informality. The pavilions are arranged according to a relaxed pattern with small angles of rotations, a principle that makes it possible to combine openness and seclusion and results in surprising sight lines. The pavilions stand around a central square, and are in turn surrounded by a series of small gardens and courtyards. Given that the entrance of an institution such as this is less important than the exit, the main entrance is informal: a narrow, covered pathway leads to the central square between two pavilions. Conversely, the two pavilions function as prominent beacons on leaving the centre via the central square.

The application of a common language of geometric forms and treatment of the materials gives each pavilion a particular identity. The accents are provided by unexpected combinations of 'bold' colours, for example with the eaves and the window and door frames.

Client
Bavo RNO Group, Capelle a/d IJssel

Location
Capelle a/d IJssel, Poortmolen

Programme
phase I: 7878 m² GFA, phase II: 4809 m² GFA

Construction
phase I: 1981-1993, phase II: 1998

Design team
Cees Dam, Jan Tor

Project architect
Jan Tor

Project manager
Nico van der Horst

Project team
Harm Freymuth, Robert Gips, Medard Jordan, Martin van der Klooster, John Kumpar, Gerard Maas, Mark Nelen, Rob Eijgenbrood

Urban design
Dam & Partners Architects

Architectural graphics
Josephine Dam-Holt

Visual art
François Morellet

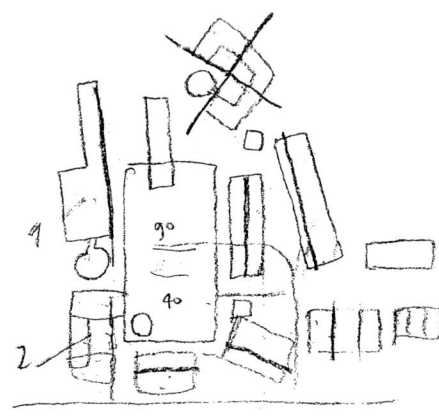

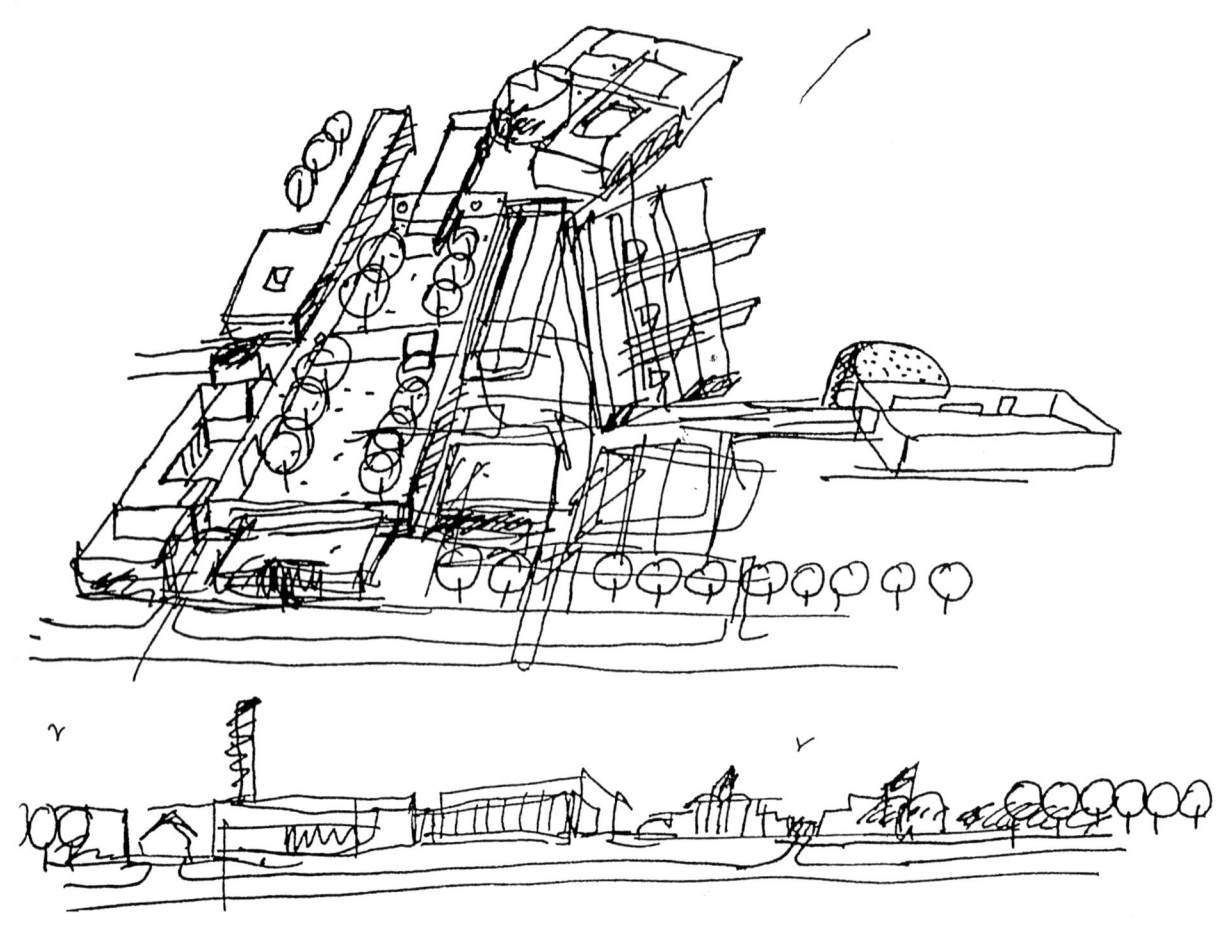

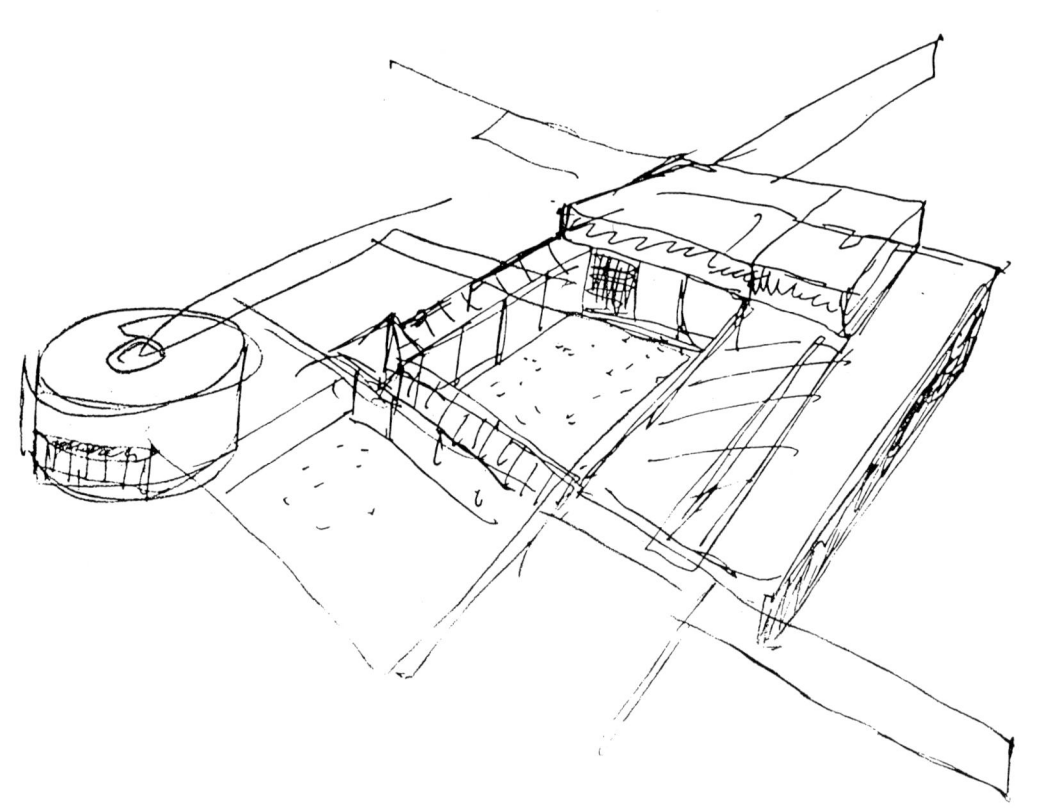

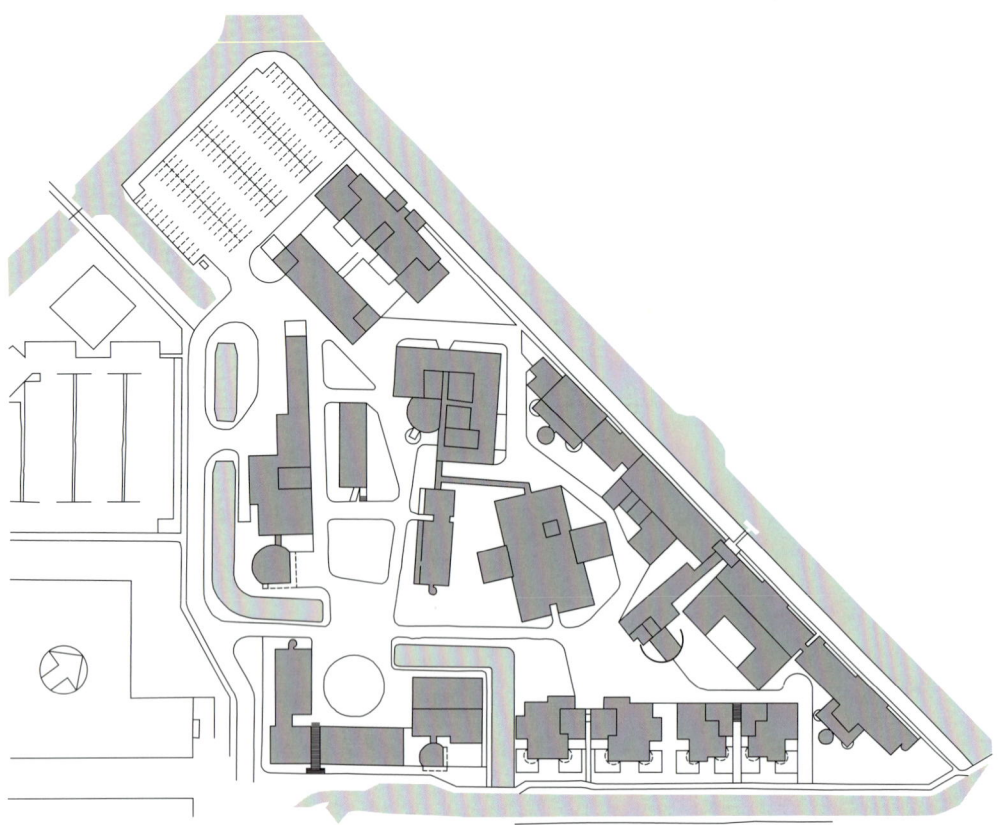

situatie/site plan

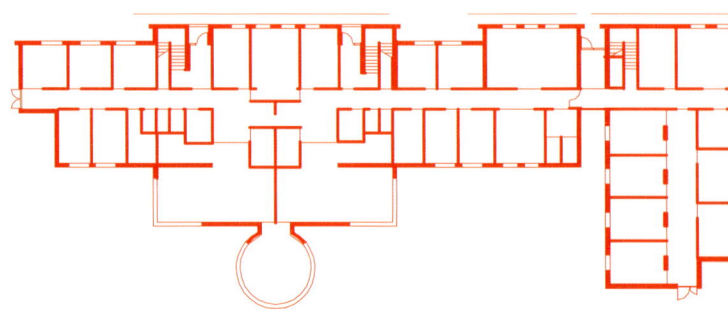

gebouw langdurige zorg plattegrond begane grond/long-term care building ground floor plan

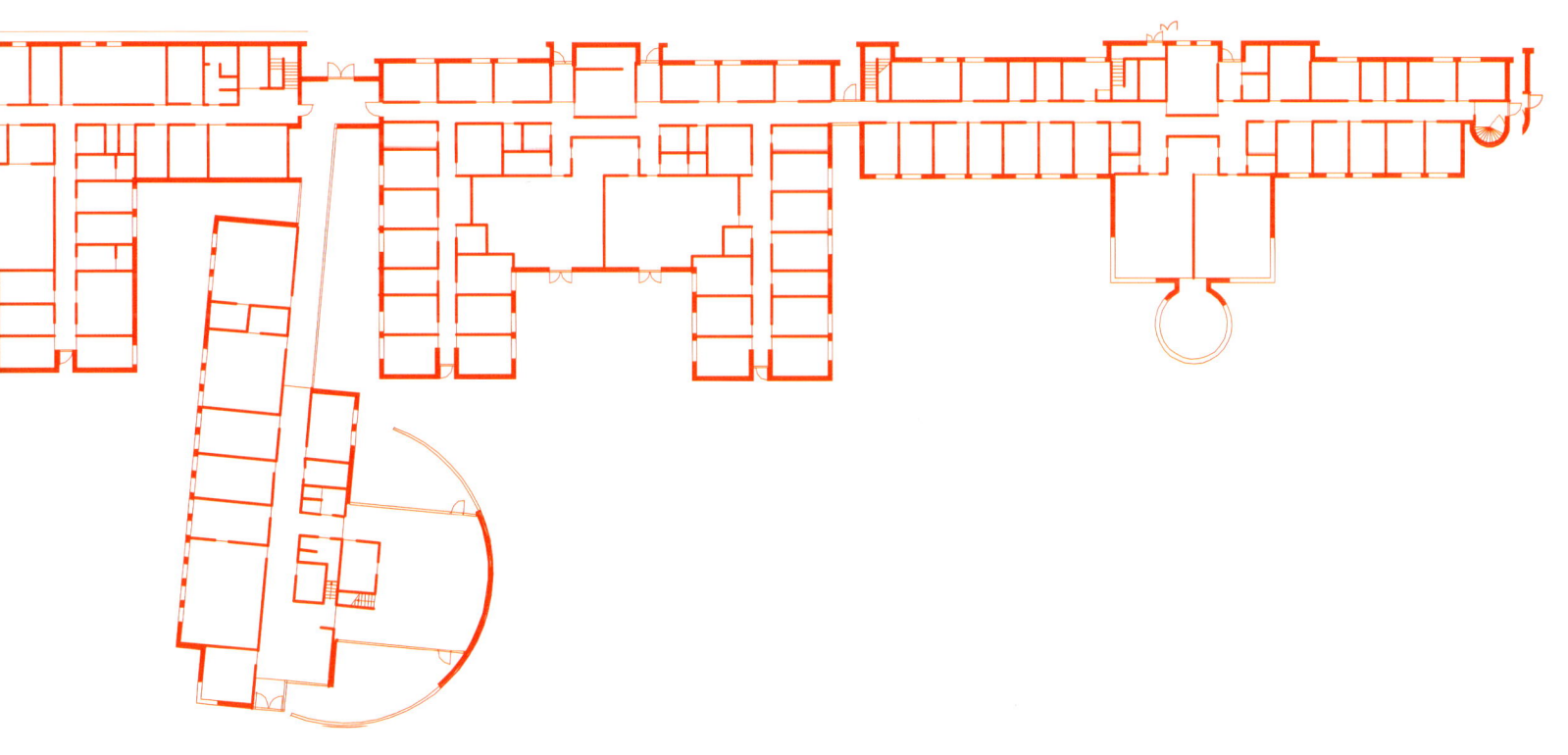

Woonhuis
Middenbeemster

De bewoners van dit woonhuis in een nieuwe wijk van Middenbeemster wilden zich kunnen onttrekken aan de omgeving die beheerst wordt door imitaties van Noord-Hollandse stolpboerderijen en andere vormen van traditionalistische woningarchitectuur. Als antwoord op de hoge dichtheid van de omliggende bebouwing liggen de woonvertrekken op de bovenverdieping vanwaar een panoramisch uitzicht wordt geboden op het uitgestrekte landschap.

Door een deel van het huis te verdraaien ten opzichte van de plattegrond van het rechthoekige hoofdvolume, is een reeks van gedifferentieerde ruimten ontstaan met zowel open als afgeschermde plekken. Vanuit de werkkamer verbindt een zichtlijn alle vertrekken op de verdieping.

Het kleurgebruik en de detaillering zijn zo abstract mogelijk gehouden. Aan de noordzijde is het huis gesloten. In de wit gepleisterde gevel zijn hier slechts enkele ramen aangebracht. De tuingevel daarentegen bestaat grotendeels uit gefacetteerde glazen puien. Om het dunne lessenaarsdak als één vlak te laten verschijnen, is een platte dakpan gekozen en is de goot in het dak verzonken.

Opdrachtgever
familie P., Middenbeemster

Locatie
Middenbeemster, H.M. van Randwijklaan

Programma
240 m² BVO

Realisatie
1994-1996

Ontwerpteam
Cees Dam, Diederik Dam, Jan Tor

Projectarchitect
Jan Tor

Projectteam
Wout Deckwitz, Mischa van Eekelen, Meta den Dekker, Gerard Maas

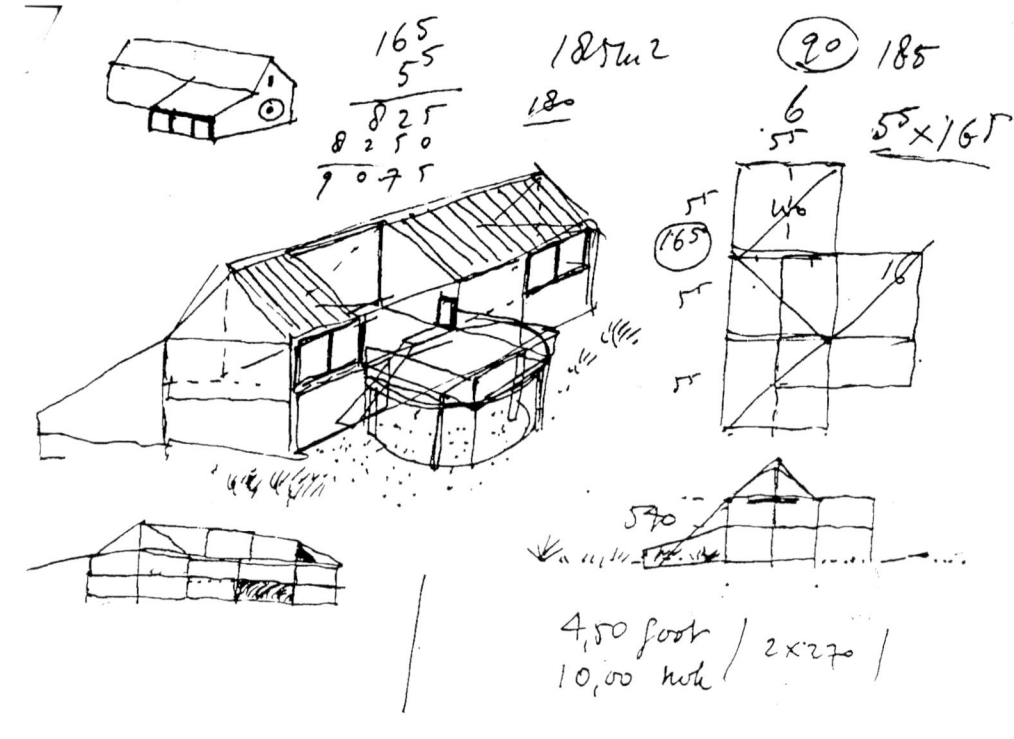

House
Middenbeemster

The inhabitants of this villa in a new
housing district in Middenbeemster
wanted to be able to escape from an
environment dominated by imitations
of the traditional farmhouses of the
province of North-Holland and other
forms of traditionalist residential
architecture. In response to the high
density of the surrounding construction, the living quarters are situated
on the upper floor, offering a panoramic view across the expansive
landscape.

Rotating part of the house in
relation to the plan of the rectangular
principal volume has created a series
of differentiated spaces with both
open and enclosed areas. From the
study, a sight line connects all the
rooms on that floor.

The use of colour and the
detailing have been kept as abstract
as possible. The north side of the
house is closed. There are only a
few windows in the white-plastered
facade. The south side, on the other
hand, is primarily made up of angled
glazing. In order to make the thin,
lean-to roof appear as a single
surface, a flat tile was selected and
the guttering is sunk into the roof.

Client
P. family, Middenbeemster

Location
Middenbeemster, H.M. van Randwijklaan

Programme
240 m² GFA

Construction
1994-1996

Design team
Cees Dam, Diederik Dam, Jan Tor

Project architect
Jan Tor

Project team
Wout Deckwitz, Mischa van Eekelen, Meta den Dekker,
Gerard Maas

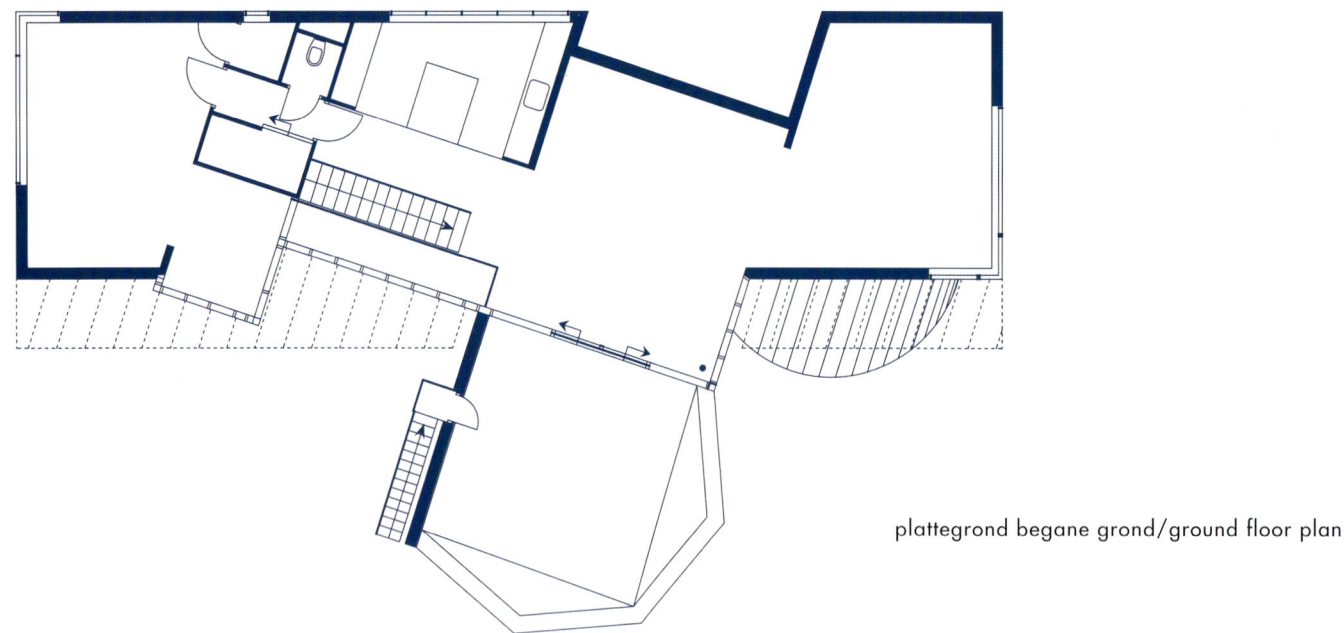

plattegrond begane grond/ground floor plan

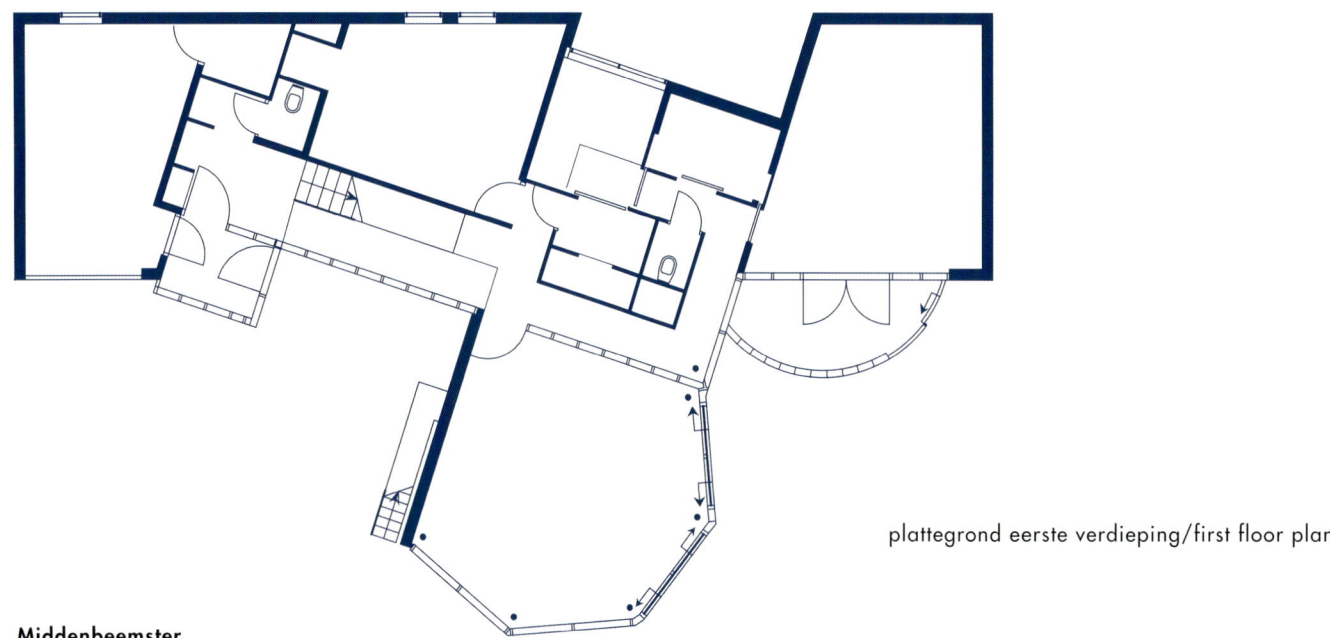

plattegrond eerste verdieping/first floor plan

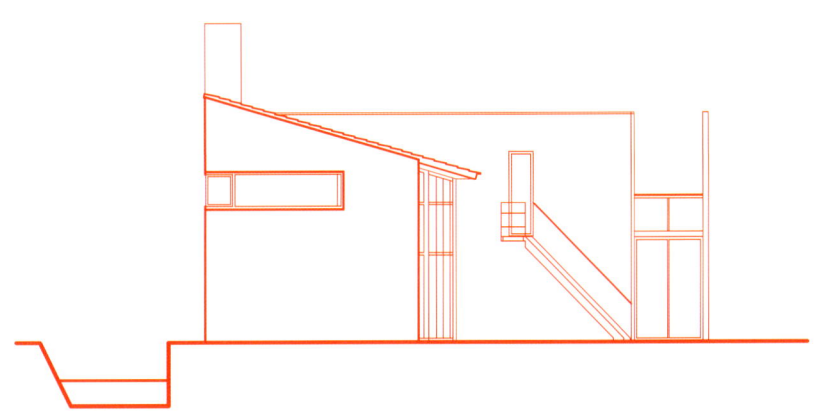

westgevel/west facade

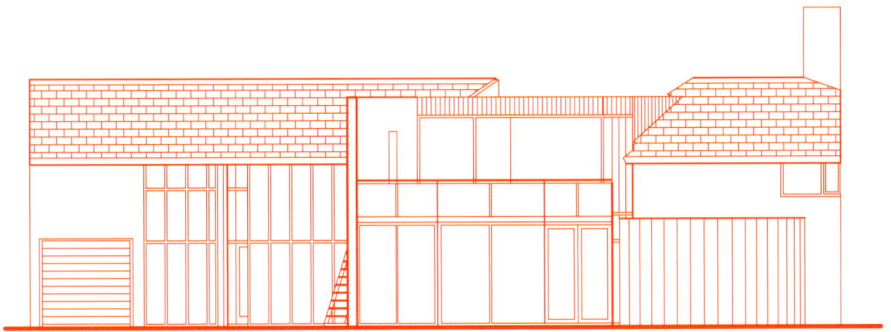

zuidgevel/south facade

Huizen van de toekomst
Almere

De vormgeving van de Huizen van de toekomst is geïnspireerd op het in Rosmalen gerealiseerde Huis van de toekomst. De tien woningen maken deel uit van de Filmwijk in Almere, een onder auspiciën van de NWR-BouwRAI 1992 ontworpen woonwijk waaraan vele opdrachtgevers en architecten hebben meegewerkt. Op een vierkant terrein staan vijf villa-achtige woongebouwen gegroepeerd, elk met twee gespiegelde woningen. Twee woongebouwen liggen aan de straat en fungeren als poortgebouwen naar een rond plein waaraan drie woongebouwen zijn gelegen. De oriëntatie is hier naar het plein.

De woningen worden gekarakteriseerd door open- en geslotenheid. Ze zijn samengesteld uit geometrische vormen met hoekige en ronde, in elkaar geschoven volumes. Om in het interieur een flexibele indeling mogelijk te maken, is bij de plattegrond uitgegaan van een rechthoekige vorm waarbij de trap is 'verbannen' naar de buitenkant. Een vide benadrukt de openheid in het interieur.

De woningen hebben de ingang in een rond, deels lichtkleurig bakstenen, deels met aluminium beplaat bouwvolume. Dit gesloten volume doet tevens dienst als garage en berging. De ronde vorm komt terug in het gesloten trappenhuis dat boven de garage zichtbaar is.

De voorzijde van de woningen wordt bepaald door 'in de vlucht geplaatste', overhellende, glazen puien met daarnaast als contrast een vlakke glazen gevel. De dakopbouw is driehoekig, eveneens van glas en biedt bescherming aan het achterliggende dakterras. De achtergevel bestaat uit een gesloten gemetselde gevel met ronde vensters en heeft als contrasterend element een driehoekige glazen erker. In de tuin geeft een omheining van houten palen, geplaatst in een halve cirkel, intimiteit.

Opdrachtgever
Intervam, Rijswijk

Locatie
Almere, Filmwijk

Programma
10 woningen

Realisatie
1990-1993

Ontwerpteam
Cees Dam, Gerard Maas

Projectarchitect
Gerard Maas

Projectteam
Henk Heijink, Gobel Hellevoort, Joop Kok, Jan Tor

Houses of the future

Almere

The design of the Houses of the future are inspired by the House of the future constructed in Rosmalen. The ten houses are part of the Filmwijk neighbourhood in Almere, a residential area designed under the auspices of the 1992 NWR-BouwRAI construction and buildings industries trade fair, in which many commissioning clients and architects took part. Five villa-type buildings are grouped on a square plot, each with two symmetrically mirrored dwellings. Two of the buildings face the street, and function as gateways to a circular square on which three other buildings are arranged. The orientation here is towards the square.

Openness and enclosure are the chief characteristics of the dwellings. They are composed of geometric shapes with mutually overlapping, angular and rounded volumes. In order to afford a flexible arrangement of the interiors, the floor plan is basically square and the stairway is 'banished' to the exterior. An open space emphasizes the openness of the interior.

The entrance to the dwellings is in a round volume, partly constructed in light-coloured brick and partly clad with aluminium. This closed volume also serves as a garage and storage. The round form is reiterated in the enclosed staircase visible above the garage.

The front side of the dwellings is dominated by an 'on the wing' construction of large, canted glazed areas, with a contrasting flat, glazed facade alongside. The roof structure is triangular and also made of glass, and protects the roof terrace behind. The rear facade consists of a closed brickwork gable with round windows and a triangular glass bay window as a contrasting element. In the garden, a fence of wooden posts, arranged in a semicircle affords intimacy.

Client
Intervam, Rijswijk

Location
Almere, Filmwijk

Programme
10 houses

Construction
1990-1993

Design team
Cees Dam, Gerard Maas

Project architect
Gerard Maas

Project team
Henk Heijink, Gobel Hellevoort, Joop Kok, Jan Tor

Woonhuis
Zandvoort

Het vrijstaande woonhuis aan de boulevard van Zandvoort is gesitueerd in een geaccidenteerd duinlandschap. De plattegrond en de noklijn van het dak zijn gebaseerd op drie cirkels die net niet concentrisch zijn – een ogenschijnlijk eenvoudig uitgangspunt dat resulteert in gedifferentieerde en complexe binnenruimten. Ter plaatse van de woonkamer en de keuken breken rechthoekige transparante volumes uit de ronde bouwmassa. Ze vormen een contrast met het cirkelvormige terras dat deels door het huis en deels door een glazen gevel wordt omsloten. Het dak ontleent zijn bijzondere vorm aan de drie niet-concentrische cirkels en een helling die niet overal hetzelfde is.

Opdrachtgever
familie van V., Zandvoort

Locatie
Zandvoort, Boulevard Paulus Loot

Programma
549 m² kelder, begane grond en 1e verdieping

Realisatie
1996-2001

Ontwerpteam
Cees Dam, Jan Tor

Projectarchitect
Jan Tor

Projectteam
Henk Heijink, Merlijn Pennings, Sibylle Frey

House
Zandvoort

This detached residence on the boulevard of the seaside resort of Zandvoort is situated in a undulating dune landscape. The floor plan and the ridge line of the roof are based on three non-concentric circles – an apparently simple starting point that results in differentiated and complex interior spaces. Right-angled transparent volumes break out of the round building mass from the living room and kitchen. They form a counterpoint to the circular terrace, which is encircled in part by the house and in part by a glass screen. The roof derives its unusual shape from the three non-concentric circles resulting in a varied outline.

Client
Van V. family, Zandvoort

Location
Zandvoort, Boulevard Paulus Loot

Programme
549 m² cellar, ground floor and 1st floor

Construction
1996-2001

Design team
Cees Dam, Jan Tor

Project architect
Jan Tor

Project team
Henk Heijink, Merlijn Pennings, Sibylle Frey

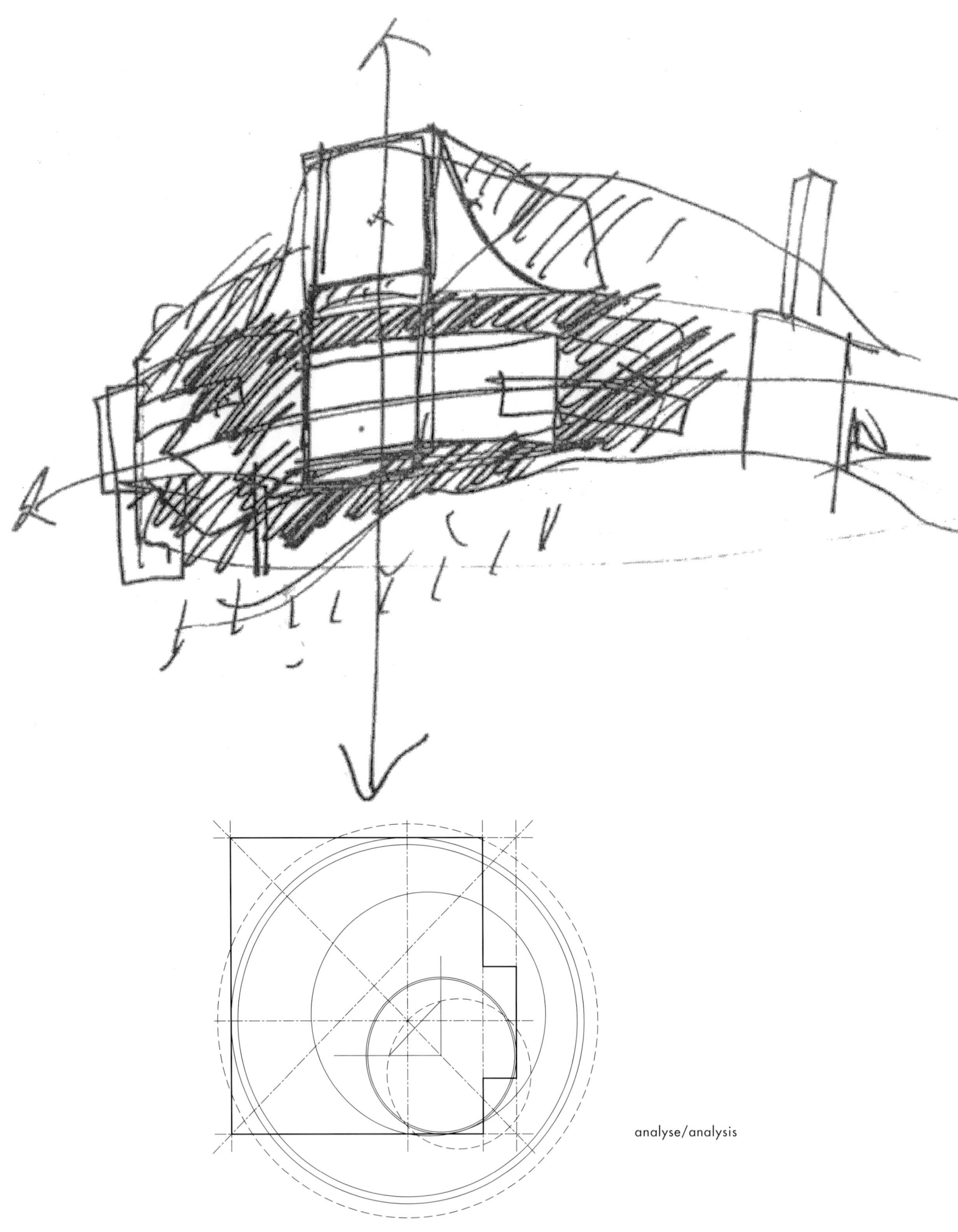

analyse/analysis

Woonhuis
Bloemendaal

Het ontwerpen van een woonhuis houdt altijd een stellingname over de cultuur van het wonen in. Met architectonische middelen worden immers overgangen vormgegeven tussen het individuele domein en de context van het omliggende landschap; er wordt ruimte gecreëerd voor het alledaagse leven.

Dit huis, gelegen in de bosrijke omgeving aan de rand van de Noord-Hollandse duinstrook, voegt zich op het eerste gezicht terughoudend naar de omgeving. Een omgeving die beheerst wordt door vrijstaande woningen. Pas bij nadere beschouwing toont het ontwerp met natuurstenen gevels en een leien kap zich als een subtiele en complexe compositie van ruimten in een eenvoudig volume.

De basis voor het ontwerp is een volume met een vierkante plattegrond. Hierin is een kleinere maar eveneens vierkante plattegrond van het 'interieurvolume' geplaatst. Dit volume is iets gedraaid ten opzichte van het hoofdvolume. Het geheel wordt doorsneden door een centrale trapzone (verticale ontsluitingszone). De gangen en verkeersroutes (horizontale ontsluitingszone) liggen langs de binnenste gevels van het interieurvolume en maken, zoals in de woonkamer, deel uit van de verschillende vertrekken. De lange looproutes benadrukken de ruimtelijkheid van het huis. Deze routes nodigen uit door het interieur te bewegen en zo de vorm van het geheel te doorgronden: een interieur dat gekenmerkt wordt door verrassende perspectieven en lange zichtlijnen.

Behalve de brede, zichtbare, centrale trapzone heeft het huis ook twee smalle, 'geheime' trappen tussen de keuken en de woonkamer. Deze trappen komen uit in de slaapkamer op de eerste verdieping en de werkkamer aan het verdiepte terras. De centrale trapzone scheidt op de verdieping de slaapvertrekken van de bewoner van het aan de straatzijde gelegen gastenverblijf.

De richting van het schuine, overkragende dak is dezelfde als die van het interieurvolume. Hierdoor is de verdraaiing van buiten zichtbaar.

Opdrachtgever
familie van B., Bloemendaal

Locatie
Bloemendaal, Krullenlaan

Programma
525 m² BVO

Realisatie
1996-1999

Ontwerpteam
Cees Dam, Diederik Dam, Christoph Grafe, Jan Tor

Projectarchitect
Jan Tor

Projectteam
Steef Brasser, Rob Eijgenbrood, Nico van der Horst, Medard Jordan, Martin van der Klooster, Chris Koop, John Kumpar, Michiel Ritzen

Landschapsarchitectuur
Els Proost, Haarlem

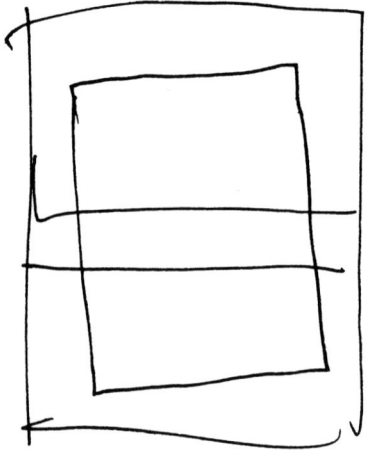

het gehele interieur is verdraaid
'n huis in 'n huis

228

House
Bloemendaal

The design of a house always involves adopting a stance about the domestic culture. The architectonic instrumentarium is used to effect a transition between the private domain and the context of the surrounding landscape, in other words, to create space for day-to-day life.

At first glance, this house, situated in the woodlands environment on the edge of the range of dunes along the coast of the province of North-Holland, ensconces itself in the surroundings. Most of the construction in the surrounding area is made up of detached houses. It is only on closer inspection that the design with stone facades and a slate roof reveals itself as a subtle and complex composition of spaces within a simple volume.

The basis for the design is a volume with a square plan. Within this there is the smaller floor plan of the 'interior volume', also square. This volume is rotated slightly in relation to the chief volume. A central stairway zone (vertical access zone) divides the whole. The corridors and circulation routes (horizontal access zone) follow the innermost facades of the interior volume and are an integral feature of the various rooms, as with the living room. The extended walking routes emphasize the spaciousness of the house. These routes are an invitation to move through the interior and thereby appreciate the form of the whole: an interior characterized by surprising perspectives and long sight lines.

Besides the wide, visible, central stair zone, the house also has two narrow, 'secret' stairways between the kitchen and the living room. These stairs lead to the bedroom on the first floor and the study on the deep terrace. At the upper level the central stair zone separates the main bedroom and the guest quarters on the street side.

The pitched, corbelled roof is aligned with the interior volume, whereby the rotation is visible from outside.

Client
Van B. family, Bloemendaal

Location
Bloemendaal, Krullenlaan

Programme
525 m² GFA

Construction
1996-1999

Design team
Cees Dam, Diederik Dam, Christoph Grafe, Jan Tor

Project architect
Jan Tor

Project team
Steef Brasser, Rob Eijgenbrood, Nico van der Horst, Medard Jordan, Martin van der Klooster, Chris Koop, John Kumpar, Michiel Ritzen

Landscape architecture
Els Proost, Haarlem

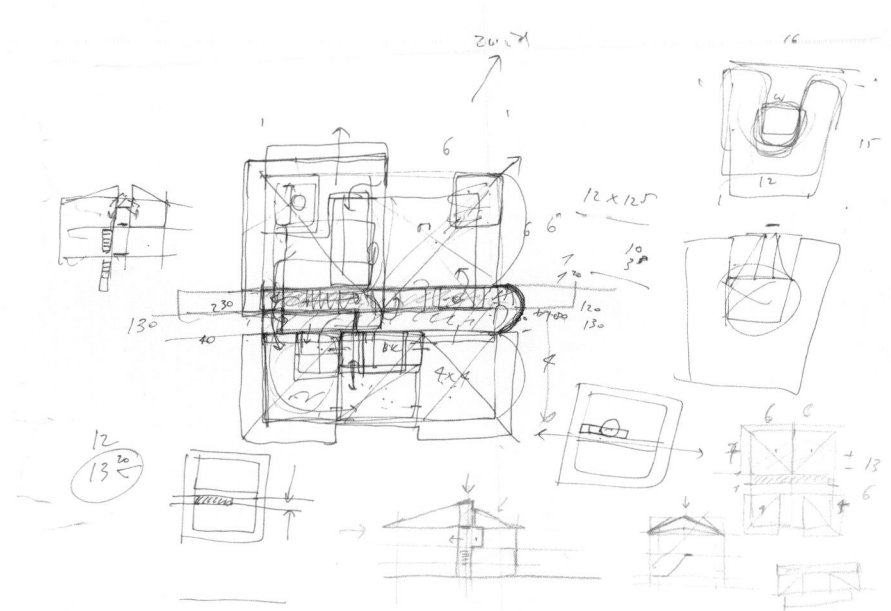

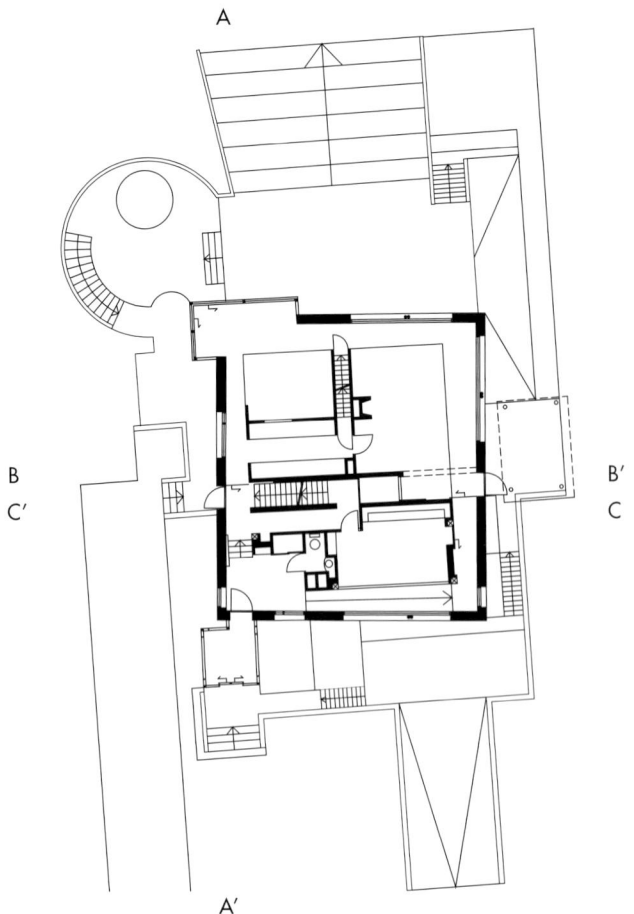

plattegrond begane grond/ground floor plan

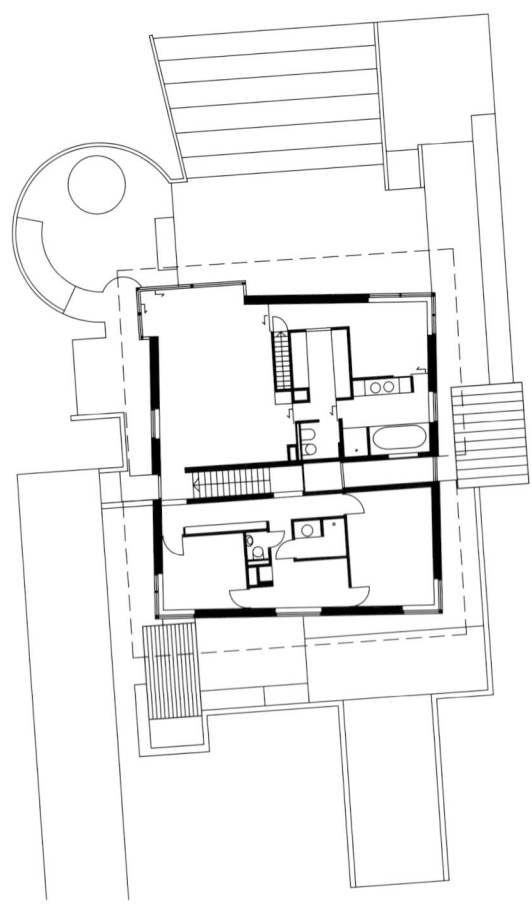

plattegrond eerste verdieping/first floor plan

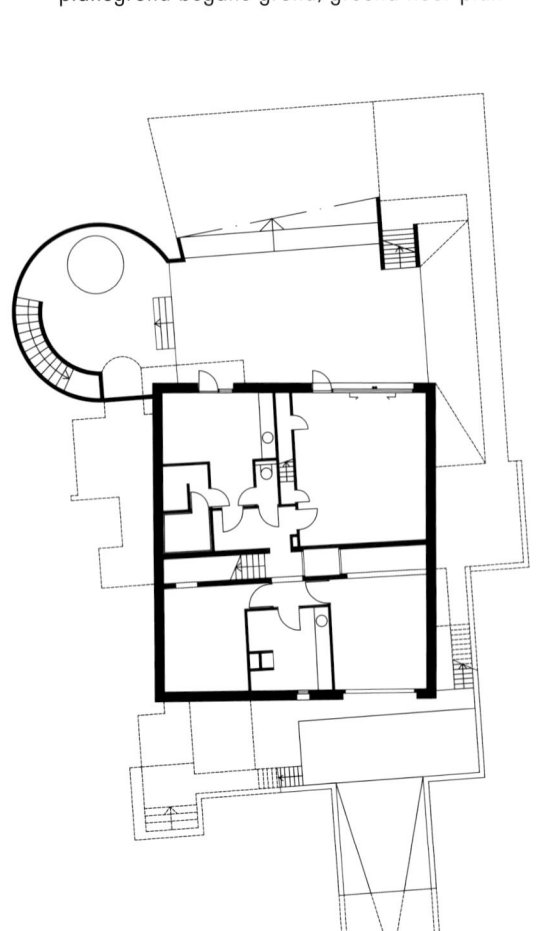

plattegrond souterrain/basement plan

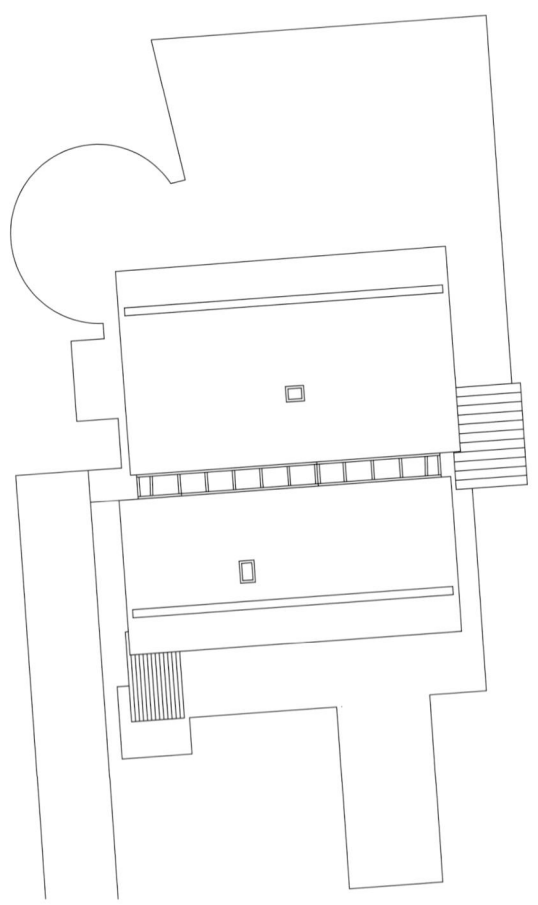

plattegrond dak/roof plan

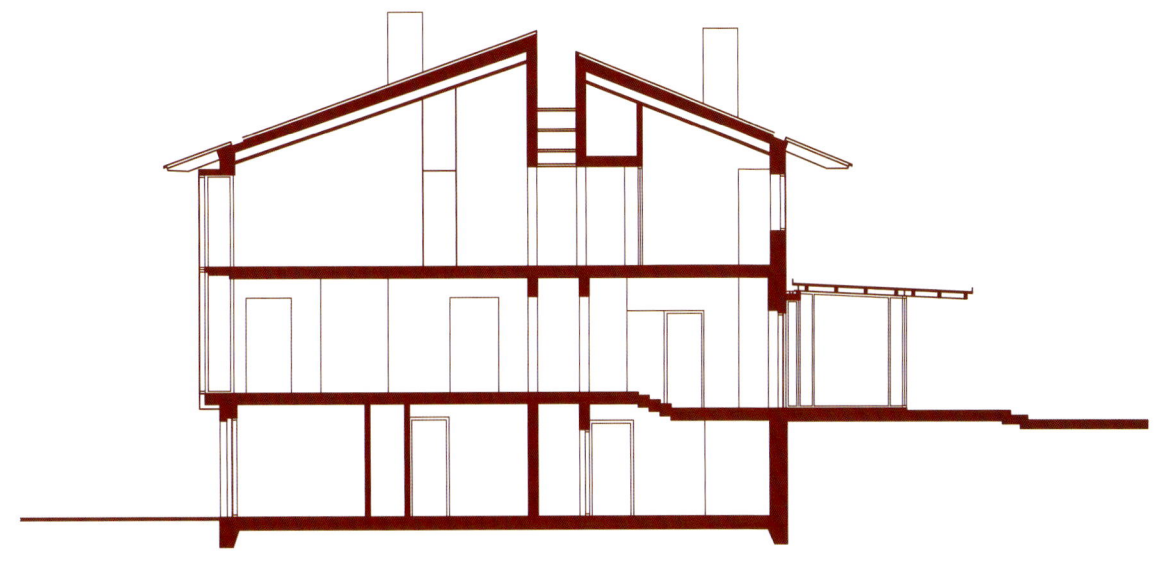

doorsnede/section AA'

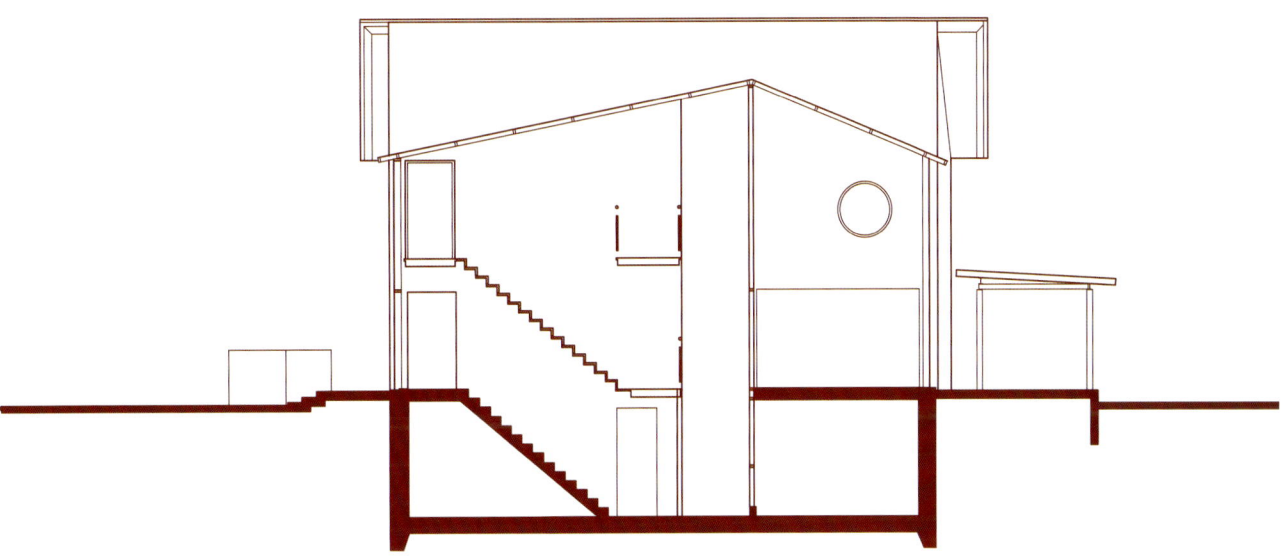

doorsnede/section BB'

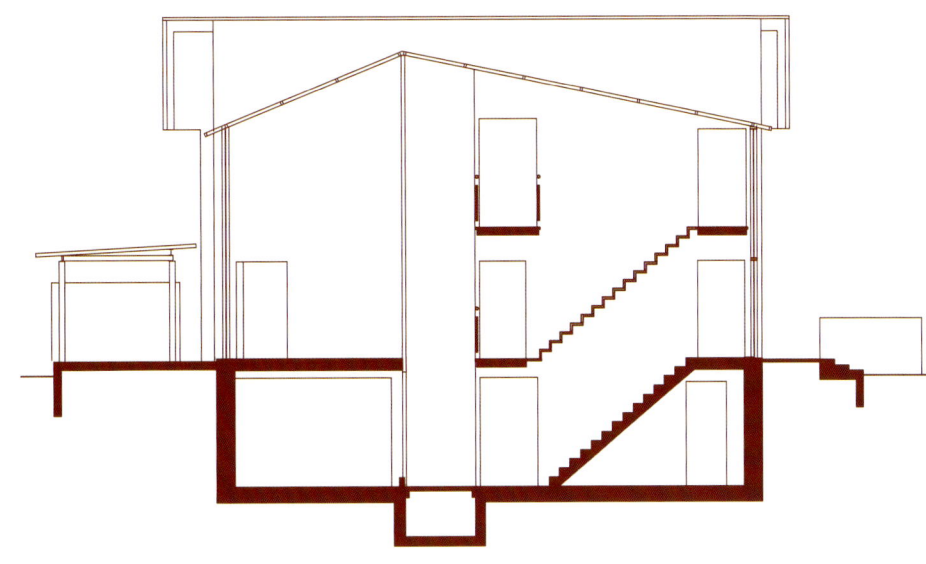

doorsnede/section CC'

Toneeldecor *Rembrandt was mijn buurman*

Eli Asser, *Rembrandt was mijn buurman*, 1995, pp. 124-125, scène 3:

'De woonkamer van de Verdoners in Blaricum, een paar uur daarvoor.

Een typisch Goois landhuis, anno 1910. In '82 door Matthieu gekocht en grondig verbouwd naar de eisen van een 60+ echtpaar van deze tijd: alle kinderen de deur uit, maar vader en moeder zelf nog volop maatschappelijk bezig. Hij met zijn architectuur, zij met haar fotografie.

Judiths smaak en Matthieus technische kunnen hebben geleid tot een perfecte eenheid van vormgeving en leefbaarheid. Functioneel meubilair, aangenaam licht, verrassende kleuren.

De kamer bestaat uit drie segmenten: een 'eet'-, een 'praat-' en een 'ontspanningshoek'.

Laatstgenoemd deel is een knusse, functioneel ingerichte audio-videoruimte die door een schuifwand van de woonkamer kan worden gescheiden. Links tegen de achterwand een grootbeeldtelevisietoestel. Rechts de afdeling up to date bijgehouden geluidsapparatuur. Aan weerszijden rekken met lp's, cd's, videotapes, etc.

Melanie – gekleed in strak truitje en minirokje – heeft zich geïnstalleerd aan een tafeltje, zit daar met een blocnootje voor zich waarin ze nu en dan iets opschrijft. Ze kijkt en luistert naar de video-opname van een tv-interview dat Matthieu een jaar geleden heeft gegeven in de talkshow Time-out. Matthieu maakte daarin een zeer ont-

spannen indruk, vertellend zowel over zijn komaf en oorlogsverleden, als over zijn werk van nu.'

Opdrachtgever
Haarlems Toneel

Programma
toneeldecor

Realisatie
1995

Ontwerpteam
Cees Dam, Diederik Dam, Edwin van Heijningen

Set design for *Rembrandt was mijn buurman*
(Rembrandt was my next-door neighbour)

Eli Asser, *Rembrandt was mijn buurman* (Rembrandt was my next-door neighbour), 1995, pp. 124-125, scene 3:

'The living room of the Verdoner family in Blaricum, a couple of hours earlier.

A typical country house in 't Gooi region, anno 1910. Matthieu bought it in '82, and rebuilt it extensively according to the needs of a 60+ married couple of the time: all the children have left home, but father and mother are still fully socially active. He with his architecture, she with her photography.

Judith's good taste and Matthieu's technical skill have resulted in a perfect integration of design and liveability. Functional furniture, pleasant lighting, surprising colours.

The room is divided into three sections, for eating, talking and relaxing.

The latter is a snug, practically furnished audio-video space that can be separated from the living room by a sliding wall. There is a large-screen television set to the left against the back wall. To the right is the compartment for the up-to-date audio equipment. On either side there are shelves with lp's, cd's, videotapes, etc.

Melanie – dressed in close-fitting sweater and mini skirt – has settled at a little table, sits there with a notepad in front of her in which she occasionally jots things down. She looks and listens to the video recording of a tv interview that Matthieu gave in the talkshow Time out a year ago. Matthieu seemed to be very at ease, completely relaxed, talking about his family background as well as his war years, and also about his current work.'

Client
Haarlems Toneel

Programme
set design

Realization
1995

Design team
Cees Dam, Diederik Dam, Edwin van Heijningen

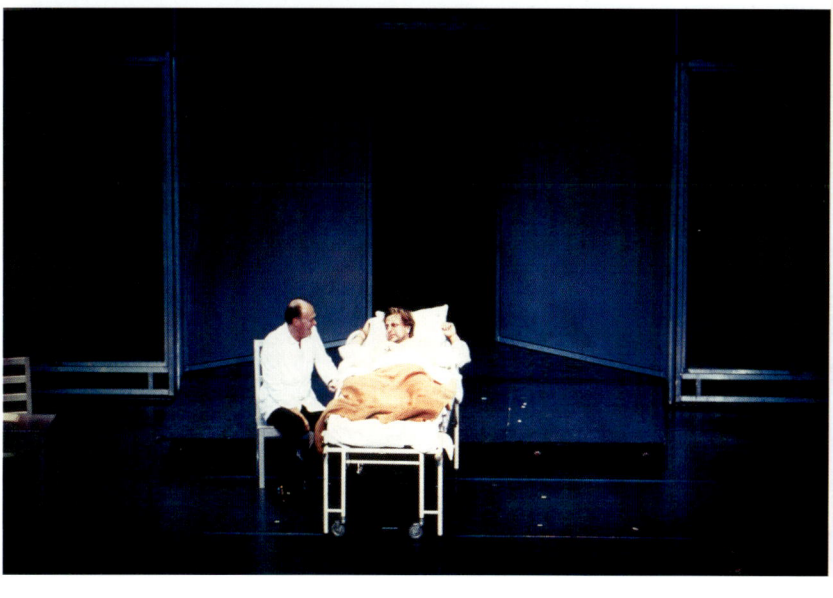

Melanie
…Theepauze (gaat naar Judith toe, ziet het dienblad, wijst verrast naar een zilveren schaaltje met grote stukken koek) Boterkoek!

Judith (glimlachend)
Hoe zie je dat?

Melanie
I'm home!

Judith (op haar beurt verrast)
Bakt jouw moeder boterkoek?

Melanie
Mijn grootmoeder, mijn grandma! Rifka!

Judith
Ach natuurlijk. Rifka! (ze pakt de theepot) Is die nog weleens in Holland teruggeweest?

Melanie
Nee.

Judith
Wil ze niet?

Melanie
Ze kan niet. Er is zoveel gebeurd. Ze heeft het gevoel, zegt ze, dat ze jullie allemaal heeft verraden.

Judith
Ons wát?

Melanie
In de steek heeft gelaten.

Judith
In de steek heeft gelaten? Hoe kan ze dat denken? Ze was een kind van, toen ze wegging, elf? Twaalf?

Melanie
Ze was veertien.

Judith
Wat had ze dan kunnen doen? Veertien jaar oud!

Melanie
't Zit heel diep bij haar. En 't wordt met de dag erger, zegt ze.

Judith (schenkt haar de thee in)
Heeft ze je dáárom naar ons gestuurd?

Melanie (knikt)
Ze voelde het als een… als een plicht.

Judith
En jij?

Melanie
Ook wel, eigenlijk.

Judith (gaat zitten)
Wel of geen suiker? Ik moet nog even wennen.

Melanie
Heel klein beetje. (Judith doet nog geen halve gram suiker in de thee) Genoeg, genoeg!

Ann Hasekamp als Judith (links) en Marieke de Kruijff als Melanie (zittend)

Ann Hasekamp as Judith (left) and Marieke de Kruijff as Melanie (sitting)

Melanie
...Tea break. (Moves towards Judith, sees the serving tray, points in amazement at a silver dish with large chunks of cake) Shortcake!

Judith (smiling)
How did you spot that?

Melanie
I'm home!

Judith (surprised in turn)
Does your mother bake shortcake?

Melanie
My grandmother, my grandma! Rifka!

Judith
Ah, of course. Rifka! (She picks up the teapot) Does she ever come back to Holland?

Melanie
No.

Judith
Doesn't she want to?

Melanie
She can't. Too much has happened. She says that she feels that she betrayed you all.

Judith
She's what?

Melanie
Betrayed you.

Judith
Betrayed us? What can she be thinking? She was a child then, when she left. How old was she? Eleven? Twelve?

Melanie
She was fourteen.

Judith
What could she have done then? Fourteen years old!

Melanie
It has affected her very deeply. And it gets worse by the day, she says.

Judith (pours the tea for her)
Is that why she sent you to see us?

Melanie (nods)
She felt it was some kind of... obligation.

Judith
And you?

Melanie
Me too, actually.

Judith (taking a seat)
Sugar? I have to let this sink in.

Melanie
Just a touch. (Judith adds no more than a few grains of sugar to the tea) Enough, enough!

Dam & Partners 1988-2000

Ramon Aker
Bernardo Alves
Antoon Appelman
Nello Ascanio
Pim Baas
Roemer Bech
Patrick Beentjes
Marina van den Bergen
Simon Berger
Dennis Berkhout
Jan Bieckman
Angelika Bisseling
Mechteld Blom
Karel Bodon
Piet van Boxtel
Steef Brasser
Isabelle Breukers
Jan Brok
Menno de Bruin
Leslie Budding
Marcel Buis
Angus Calder
Roberto Cavallo
Edgar Colin
Cees Dam
Diederik Dam
Josephine Dam-Holt
Wout Deckwitz
Meta den Dekker
Tosca Dekkers
Jurgen Ditzel
Alfred Does
Mischa van Eekelen
Annelies van Eenennaam
Rob Eijgenbrood
Lucas Eisenhardt
Mathieu van Ek
Bas van 't Ende
Sibylle Frey
Harm Freymuth
Jan de Gier
Robert Gips
Alex Goedemans
Kevin Goodbody
Christoph Grafe

Bart Groot
Fleur de Groot
Leon de Heer
Henk Heijink
Edwin van Heijningen
Gobel Hellevoort
Jan Heystra
Susan van Hoof
Aad Hoogendijk
Nico van der Horst
Albert Jansen
Dennis de Jong
Herman Jongebloet
Medard Jordan
Ron Keesom
John Kettenes
Alex Klip
Martin van der Klooster
Kees de Kock
Joop Kok
Maaike de Koning
Chris Koop
Diederik Koppedraaijer
Lorenzo Kors
Piet Koster
Ruben de Kraker
Roelof Krijgsman
Wouter Kroon
John Kumpar
Rick van der Laan
Marcel Lakenman
Tonko Leemhuis
Alex Letteboer
Frank Lieuw
Jan Lijnes
Han Lijnkamp
Richard Lokhorst
Jessica Loudon
Celia Lozano
Gerard Maas
Bert Maessen
Dennis Mels
Eric Meulenbelt
Vaughn Miller
Sander Mirck

Suus Molenschot
Marc Nelen
Michael Noordam
Martin Ockels
Rob den Ouden
Merlijn Pennings
Guido Peters
Milco Philips
Roemer Pierik
Pelle Poiesz
Martijn de Potter
Eric Priester
Frank Putter
Michiel Ritzen
Pien de Ronde
Chris van Rossum
Patrick Russ
Freek Schaefers
Ingmar Schreiberlich
Erik Schotte
Monica Sferch
Klaas Smedema
Michiel Snelder
Sanne Soudant
Maurits van der Staay
Marc Stoop
Katharina Stühmeyer
Chris Swagers
Theo Throns
Stephan Tol
Jan Tor
Michiel Uffen
René Vellekoop
Gabriël Verheggen
Alice Verhoog
Ineke Versélewel de Witt
Valdemar Victorina
Lorenzo Viti
David van de Vlag
Niels Volten
Robin Vos
Joke Voswijk
Raymond Vreeken
Harm de Vries
Jochem Wagemaker
Carl Warmerdam
Roderik van der Weijden
Ron Woudenberg
Patrick van Zalen
Huib van Zeijl
Gerard Zijp
Hans Zweers Meijer

Projecten/Projects 1959-2000

Uitgevoerde projecten/ Realized projects

1959
Padvindershuis/Scout headquarters, Rotterdam

1961
Garageboxen/garages Visser, Zandvoort
Camping/campsite Van de Kolk, Wijk aan Zee

1962
Verbouwing en interieur theater Nieuwe de La Mar/renovation and interior of Nieuwe de La Mar theatre, Amsterdam
Verbouwing theater Kleine Komedie /renovation of Kleine Komedie theatre, Amsterdam
Verbouwing woonhuis/renovation of house Poelman, Aerdenhout
Uitbreiding praktijkruimte/extension to practice accommodation Kamps, Rilland Bath
Verbouwing woonhuis/renovation of house Van Dijk, Aerdenhout
Verbouwing woonhuis/renovation of house 't Lam, Voorburg
Verbouwing schoenwinkel/remodelling of shoeshop Chaussures Modernes, Amsterdam
Verbouwing kindermodezaak/remodelling of children's clothes shop Van Weert, Haarlem
Opslagruimte en kantoor/storage space and office Verwaal, Rotterdam

1962-1963
Woonhuis/house Stoutenbeek, Bloemendaal
Verbouwing woonhuis/renovation of house Erens, Hilversum
Verbouwing woonhuis/renovation of house Wim Sonneveld, Amsterdam
Woonhuis/house Van Duyn, Kapelle-Biezelinge

1962-1964
Verbouwing winkel voor woninginrichting/remodelling of home furnishings shop Van der Meer, Sassenheim
Verbouwing/reconstruction of showroom Ubica, Utrecht

1962-1965
Verbouwing serre en café, uitbreiding entree/remodelling of terrace and café, extension of entrance foyer of hotel-restaurant Roozendaal, Overveen
Uitbreiding keuken en verbouwing/kitchen extension and renovation café Lefferts, Zandvoort
Woonhuis/house Kroon, Riel

1962/1965-1967
Verbouwing ijssalon/remodelling of ice-cream parlour Giraudi, Zandvoort

1963
Verbouwing boerderij/renovation of farmhouse Houtman, Blaricum
Uitbreiding schoenwinkel/extension to shoeshop Chaussures Modernes, Den Haag/The Hague
Verbouwing banketbakkerij/remodelling of confectioner's shop Huize Elhorst, Haarlem
Verbouwing woonhuis/renovation of house Den Hartog, Zandvoort
Verbouwing kapsalon/remodelling of hairdressing salon Meuwese, Amsterdam
Verbouwing stomerij en woning/remodelling of dry cleaner's premises and dwelling Azea, Heemstede

1963-1966
Woonhuis/house Van Haaster, Almelo
Supermarkt/supermarket Dirk van den Broek, Zandvoort
Dubbel woonhuis/twin dwelling Tromp, Alkmaar

1964
Padvindersclubhuis en garages rooms-katholiek kerkbestuur/scouts clubhouse and garages for Roman Catholic church council, Zandvoort

1964-1965
Verbouwing entree en receptie/renovation of entrance and reception Hôtel Suisse, Amsterdam
Woonhuis/house Van Lent, Heemstede

1965
Verbouwing herenmodezaak/remodelling of men's clothing store Bemelman, Sassenheim
Verbouwing garage/reconstruction of garage Van Schagen, Heemstede
Autowasinrichting/carwash facility Van Lent, Heemstede
Interieur kapsalon/interior of hairdressing salon Meuwese, Hilton, Rotterdam
Fabriek en kantoor/factory and offices Elther bv, Harderwijk (i.s.m./with Deelman)

1965-1967
Showroom en magazijnen/showroom and warehouses Ubica, Eindhoven

1966
Verbouwing woonhuis/renovation of house Azea, Zandvoort
Verbouwing stomerijdepot/reconstruction of dry cleaning depot Azea, Haarlem
Verbouwing winkel optiek, juwelen, fotostudio/renovation of opticians, jewellers, photo studio Trossèl, Sassenheim
Interieur/interior of café Boekenrode, Heemstede
Timmerfabriek met kantoren/joinery workshop with offices Van der Putten, Heemstede

1966-1967
Verbouwing herenmodezaak/remodelling of men's clothing shop Gerard Worm, Alkmaar
Verbouwing woonhuis/renovation of house Dam, Aerdenhout

1966-1968
Couture/haute couture shop Molenaar, Van Baerlestraat, Amsterdam
Slijterij en woning/wine and liquor shop and dwelling Van Niekerk, Sassenheim

1966-1969
Autoshowroom/car showroom Van Lent, Heemstede
Patiowoningen/dwellings with patios Van Dulmen, Heerhugowaard
Verbouwing en renovatie/reconstruction and renovation Stadsschouwburg, Haarlem

1966-1971
Verbouwing en renovatie/reconstruction and renovation of Concertgebouw, Haarlem

1967
Verbouwing en uitbreiding verzorgingstehuis/renovation and extension of nursing home Brust-Arendsen, Bloemendaal
Woonhuis/house Van Baalen, Aerdenhout

1967-1968

Opslaghal en kantoren/storage space and offices Van de Pol, Heemstede
Verbouwing/renovation of showroom Van Schagen, Heemstede

1967-1970

Restauratie en verbouwing/restoration and reconstruction of Vleeshal, Haarlem

1967-1972

Verbouwing winkel Baja Interieur/remodelling of Baja interior design shop, Haarlem
Structuurplan en renovatie nieuwe gedeelte Provinciaal Ziekenhuis/structural plan and renovation of new wing of provincial hospital, Santpoort (onder andere de psychotherapeutische gemeenschappen Amstelland en Rijnland/including the psychotherapeutic services for the health districts of Amstelland and Rijnland)

1968

Verbouwing/renovation of flat George van Herwaalde, Amsterdam
Kantoor en magazijnen/office and stores of Chaussures Modernes, Amsterdam
Verbouwing/reconstruction of garage Oomen, Haarlem
Verbouwing woonhuis/renovation of house Bicker Caarten, Bilthoven

1968-1969

Verbouwing garage en uitbreiding kantoor en showruimte/reconstruction of garage and expansion of office and showroom Van Lent, Heemstede

1968-1970

Verbouwing juniorzaak/remodelling of children's shop Gerard Worm, Alkmaar

1968-1976

Woonhuis/house Janssen, Bentveld

1968-1981

Verbouwing architectenbureau/reconstruction of architecture office Cees Dam, Amsterdam

1969

Verbouwing woonhuis/renovation of house Spruijt, Amsterdam
Juwelen en sieraden winkel/jewelry shop Arachne, Amsterdam

1969-1971

Verbouwing en nieuwbouw woonhuis/renovation and newly built extension of house, Valkkoog

1969-1972

Interieur passagiersruimte en andere ruimten voor twee Rijnpassagiersschepen (i.s.m. Bonies)/interior of passengers' quarters and other spaces for two Rhine passenger cruise shops (with Bonies)

1969-1970/1976

Uitbreiding woonhuis/extension to house Kroon, Riel

1970

Inrichting stand Bergmans tentoonstelling schoencentrum/exhibition stand design for Bergmans shoe centre, Utrecht
Ontwerp straatversiering bevrijdingsfeest/street decorations for Liberation Day party, Bloemendaal

1970-1971

Uitbreiding en verbouwing woonhuis/extension and alterations to house Leyer, Heemstede
Verbouwing woonhuis/renovation of house Coppenhagen, Bussum
Woonhuis/house, Herenweg, Heemstede

1970-1973

Rabobank en apotheek/bank and pharmacy, Uithoorn

1970-1974

Verbouwing kinderzaak/reconstruction of children's shop Gerard Worm, Alkmaar

1971

Verbouwing herenmodezaak/reconstruction of men's fashions shop Gerard Worm, Alkmaar
Verbouwing flat/renovation of flat Sanders, Amersfoort
Verbouwing woonhuis/renovation of house Sanders, Aerdenhout

1971-1972

Woonhuis/house Bakker, Bilthoven (i.s.m./with Holt)
Verbouwing woonhuis/renovation of house Van Berkel, Aerdenhout

1971-1973

Patiowoningen/dwellings with patios Groot, Heerhugowaard

1971-1974

Verbouwing en uitbreiding met fotostudio woonhuis/renovation of house and extension with photo studio Hageman, Amsterdam

1972

Verbouwing schoenwinkel/remodelling of shoeshop Chaussures Modernes, Den Haag/The Hague
Woonhuizen/dwellings Van de Lande, Santpoort

1972-1973

Winkel optiek/renovation of opticians shop Trossèl, Alphen a/d Rijn
Uitbreiding met zwembad woonhuis/extension with swimming pool house Van Lent, Heemstede
Verbouwing woonhuis/renovation of house Van Nouhuijs, Wassenaar (i.s.m./with Van de Nieuwelaar)

1972-1974

Verbouwing woonhuis/renovation of house Schwarz, Bentveld

1973-1974

Verbouwing/reconstruction Rabobank, Bergen
Opslagruimte, kantoor en woning/ storage space, office and house Jonker Transport, Zoeterwoude

1973-1975

Verbouwing/reconstruction Rabobank, Westzaan
Verbouwing/reconstruction Rabobank, Uitgeest

1973-1977

Woonhuis/house Peeters, Alphen (N-B)

1974

Verbouwing woonhuis/renovation of house Weber, Kudelstaart

1974-1975

Uitbreiding winkel Baja Interieur/extension of Baja interior design shop, Haarlem
Interieurverzorgingszaak/interior design shop Des Bouvrie, Amsterdam

1974-1976

Woonhuis/house Bremer, Vinkeveen
Woonhuis/house Molenschot, Heemstede
Verbouwing woonhuis/renovation of house Van Gorp, Eersel
Verbouwing woonhuis/renovation of house Teekens, Woestduin, Vogelenzang

1975

Slagerij/butcher's shop Vleeschmeesters, Hengelo
Verbouwing woonhuis/renovation of house Wurpel, Aerdenhout

1975-1976

Verbouwing lerarenkamer/remodelling of staffroom Kennemer Scholengemeenschap, Overveen
Verbouwing winkels/remodelling of shops Society Shop, Amsterdam, Hilversum, Apeldoorn
Uitzendburo/employment agency Personeelsplanning, Hilversum

1975-1977

Autoshowroom/car showroom Van Lent, Aalsmeer (Staalprijs/Staal Prize)
Verbouwing kantoor/reconstruction of office Stibbe, Blaisse en De Jong, Amsterdam

1975-1980

Residentie Seinpost/Seinpost residential buildings, Boulevard, Scheveningen

1975-1988

Woonhuizen, buitenhuizen, fysio-hydro-therapie, dagelijks activiteitencentrum, bewegingstherapie, zwembad, civiele dienst, soos voor bewoners, bestuurlijk centrum en administratiekantoor, portiersloge en medische dienst voor geestelijk gehandicapten/houses, cottages, physio-hydrotherapy, activity centre, kinesiotherapy, swimming pool, community services, club for residents, managerial centre and administrative offices, porter's lodge and medical facilities for the mentally handicapped, Stichting de Donksbergen/De Donksbergen Foundation, Duizel

1976

Verbouwing appartement/remodelling of apartment Maritima, Noordwijk
Uitbreiding met zwembad en tandartspraktijkruimte woonhuis/extension to house with swimming pool and dentist's practice Glas, Heemstede

1976-1977

Woonhuis/house Peters, Bennebroek

1976-1982

Moller Instituut/Moller Institute, Tilburg

1977

Verbouwing woonhuis/renovation of house Bierenbroodspot, Haarlem
Verbouwing kantoor en woonhuis/reconstruction of office and house Bruinsma, Amsterdam
Verbouwing woonhuis/renovation of house De Rooy, Bloemendaal
Verbouwing appartementen/reconstruction of apartments Krol, Amsterdam

Verbouwing kantoor/reconstruction of office Teekens, Amsterdam
Verbouwing schoolvereniging/reconstruction of student's union building, Aerdenhout
Restauratie/restoration of Amstel Hotel, Amsterdam
Verbouwing appartement/reconstruction of apartment, P.C. Hooftstraat, Amsterdam
Benzine verkooppunt/gas station Van Lent, Heemstede

1977-1978

Woonhuis/house De Jonge-Urbach, Laren
Verbouwing woonhuis/renovation of house Wolf, Amsterdam
Steendrukkerij/lithographers De Jong, Hilversum
Verbouwing/reconstruction of studio Molenaar, Heimerstraat, Amsterdam
Woonhuis/house Dam, St. Paul de Vence, Frankrijk/France

1977-1979/1981

Interieur/interior of Casino Kurhaus, Scheveningen

1977-1984

Winkels, woningen, garages, kantoren en sociaal-culturele voorzieningen/shops, dwellings, garages, offices and social and cultural facilities, Centrum Reigersbos, Amsterdam

1978

Verbouwing woonhuis/renovation of house De Vroedt & Thierry, Amstelveen
Woonhuis/house de Groot, Mill

1978-1979

Verbouwing en restauratie t.b.v. Tweede Kamer van/reconstruction and restoration for the Lower House of Parliament of Plein 1, Den Haag/The Hague
Verbouwing advocatenkantoor/Remodelling of law office Stibbe & Blaisse, Amsterdam

1978-1983

Appartementen/apartments, Kerkstraat, Amsterdam

1978-1987

Kantoor/office Hillen & Roosen, Amsterdam

1979

Verbouwing woonhuis/renovation of house Bremer, Kudelstaart
Verbouwing woonhuis/renovation of house Gaaikema, Amsterdam
Verbouwing boerderij/renovation of farmhouse Gaaikema, Veghel

Restauratie en verbouwing kantoorvilla/restoration and renovation of office and house BAM, Huize De Brink, Zeist

1979-1980

Verbouwing uitgeverij en woonhuis/reconstruction of publisher's offices and house Polak & Van Gennep, Amsterdam
Verbouwing en restauratie Tweede Kamer/reconstruction and restoration of the Lower House of Parliament, Plein, Den Haag/The Hague

1979/1984-1986

Verbouwing winkel/reconstruction of shop Peters, Bennebroek

1979-1986

Stadhuis/Town Hall, Almere

1979-1988

Stadhuis Muziektheater/City Hall-Music Theatre, Amsterdam

1980

Verbouwing filiaal/reconstruction of branch of Nutsspaarbank, Nieuwesloot, Alkmaar
Woonhuis/house Kamminga, Aerdenhout
Verbouwing/remodelling of restaurant De Kersentuin, Garden Hotel, Amsterdam

1980-1981

Woonhuis/house Van Veelen, Vogelenzang
Slagerij/butcher's shop Vleeschmeesters, Zandvoort
Verbouwing filiaal/reconstruction of branch of Nutsspaarbank, Marnixplein, Haarlem
Verbouwing filiaal/reconstruction of branch of Nutsspaarbank, Middenwaard, Heerhugowaard
Verbouwing filiaal/reconstruction of branch of Nutsspaarbank, Geesterduin, Castricum
Verbouwing filiaal/reconstruction of branch of Nutsspaarbank, Keizerstraat, Den Helder

1980-1982

Verbouwing filiaal/reconstruction of branch of Nutsspaarbank, IJmuiden
Verbouwing woonhuis en kantoor/renovation of house and office Freddy Heineken, Amsterdam

1980-1989

Gerontopsychiatrische kliniek/gerontopsychiatric clinic, Rotterdam

1980-1990

Multifunctioneel Centrum/multifunctional centre Zevenkamp, Rotterdam

1980-1992

Multifunctioneel Centrum/multicultural centre
's-Gravendijkwal, Rotterdam
Psychiatrisch Ziekenhuis/psychiatric hospital,
Capelle a/d IJssel

1981

Verbouwing filiaal/reconstruction of branch of
Nutsspaarbank, Wendelaarstraat, Alkmaar
Verbouwing filiaal/reconstruction of branch of
Nutsspaarbank, Wieringerweg, Alkmaar
Verbouwing filiaal/reconstruction of branch of
Nutsspaarbank, Raadhuisstraat, Heerhugowaard

1981-1982

Verbouwingfiliaal/reconstruction of branch
of Nutsspaarbank, Houtplein, Haarlem
Verbouwing filiaal/reconstruction of branch
of Nutsspaarbank, Nagtzaamstraat, Haarlem
Verbouwing filiaal/reconstruction of branch
of Nutsspaarbank, Brinkmanpassage, Haarlem
Verbouwing filiaal/reconstruction of branch
of Nutsspaarbank, Brinkweg, Wieringerwerf
Verbouwing filiaal/reconstruction of branch of
Nutsspaarbank, J. Van Goyenstraat, Heemstede

1981-1983

Verbouwing filiaal/reconstruction of branch
of Nutsspaarbank, Tesselschadeplein, Haarlem
Verbouwing filiaal/reconstruction of branch
of Nutsspaarbank, Gen. Cronjéstraat, Haarlem

1981-1984

Verbouwing filiaal/reconstruction of branch
of Nutsspaarbank, Bovenweg, St. Pancras
Appartementen en kantoren/apartments and
offices, Weena, Rotterdam

1981-1993/1998

Centrum voor psychiatrie en interieur/
psychiatric centre and interior of Bavo, Capelle
a/d IJssel

1982

Verbouwing filiaal/reconstruction of branch
of Nutsspaarbank, Beatrixlaan, Uitgeest
Verbouwing filiaal/reconstruction of branch
of Nutsspaarbank, Van Doornstraat, Heiloo
Verbouwing filiaal/reconstruction of branch
of Nutsspaarbank, Heereweg, Schoorl

1982-1983

Verbouwing filiaal/reconstruction of branch
of Nutsspaarbank, Molenwijk, Haarlem

1982-1984

Verbouwing filiaal/reconstruction of branch
of Nutsspaarbank, Grote Krocht, Zandvoort

1982-1985

Verbouwing filiaal/reconstruction of branch
of Nutsspaarbank, Californiëplein, Haarlem

1982-1986

Verbouwing filiaal/reconstruction of branch
of Nutsspaarbank, Fonteinlaan, Haarlem

1983

Woonhuis/house Vet, Vinkeveen
Verbouwing woonhuis/renovation of house
Molenaar, Amsterdam

1983-1984

Verbouwing filiaal/reconstruction of branch
of Nutsspaarbank, de Mare, Alkmaar
Verbouwing filiaal/reconstruction of branch
of Nutsspaarbank, Bloemendaalseweg,
Bloemendaal
Verbouwing atelier en studio/reconstruction
of atelier and studio Cals, Amsterdam

1984

Verbouwing filiaal/reconstruction of branch
of Nutsspaarbank, Deutzstraat, Heemskerk
Verbouwing filiaal/reconstruction of branch of
Nutsspaarbank, Ooster de Bruinstraat, Haarlem
Uitbreiding en renovatie/extension and
renovation Garden Hotel, Amsterdam
Ontwerp en uitvoering decor/design and
realization of stage set for musical *Song*

1984-1985

Verbouwing filiaal/reconstruction of branch
of Nutsspaarbank, Helmlaan, Haarlem
Verbouwing filiaal/reconstruction of branch
of Nutsspaarbank, Wijkerbaan, Beverwijk
Verbouwing filiaal/reconstruction of branch
of Nutsspaarbank, Kanaalstraat, Lisse
Verbouwing filiaal/reconstruction of branch
of Nutsspaarbank, Breestraat, Beverwijk

1984-1987

Optiebeurs/Option Exchange, Amsterdam
(i.s.m./with Smit)

1984-1988

Verbouwing filiaal/reconstruction of branch
of Nutsspaarbank, Binnenweg, Heemstede

1985

Verbouwing filiaal/reconstruction of branch
of Nutsspaarbank, Nieuwesloot, Alkmaar
Verbouwing filiaal/reconstruction of branch
of Nutsspaarbank, Lange Nieuwstraat, IJmuiden
Verbouwing filiaal/reconstruction of branch of
Nutsspaarbank, Bennebroekerlaan, Bennebroek
Verbouwing filiaal/reconstruction of branch
of Nutsspaarbank, Kerkweg, Venhuizen

Verbouwing filiaal/reconstruction of branch
of Nutsspaarbank, Wijckplein, Bergen aan Zee
Verbouwing filiaal/reconstruction of branch
of Nuissspaarbank, Breistraat, Beverwijk
Verbouwing filiaal/reconstruction of branch
of Nutsspaarbank, Nieuwstraat, Medemblik
Verbouwing filiaal/reconstruction of branch
of Nutsspaarbank, Kennemerlaan, IJmuiden
Verbouwing filiaal/reconstruction of branch
of Nutsspaarbank, Kruisweg, Haarlem
Verbouwing filiaal/reconstruction of branch
of Nutsspaarbank, Reigerstraat, Den Helder
Restauratie en verbouwing/restoration and
reconstruction Orangerie, Elswout, Overveen
Bedrijfshal met kantoren/business premises with
offices lntertextiles bv, Weesp
Ontwerp en uitvoering decor/design and
realization of stage set for musical *Mimicrimi*

1985-1986

Verbouwing filiaal/reconstruction of branch
of Nutsspaarbank, Muiderwaard, Alkmaar
Verbouwing filiaal/reconstruction of branch of
Nutsspaarbank, Burg. Lommerstraat, Castricum
Verbouwing filiaal/reconstruction of branch
of Nutsspaarbank, de Heul, Alkmaar
Verbouwing filiaal/reconstruction of branch
of Nutsspaarbank, Ramplaan, Haarlem
Verbouwing filiaal/reconstruction of branch
of Nutsspaarbank, Grosmarkt, Alkmaar
Verbouwing woonhuis/renovation of house Van
Praag, Santpoort

1985-1987

Verbouwing woonhuis/renovation of house
Anne Brouwer, Bos en Duin
Verbouwing filiaal/reconstruction of branch
of Nutsspaarbank, Spoorstraat, Den Helder

1985-1988

Verbouwing filiaal/reconstruction of branch
of Nutsspaarbank, Gedempte gracht, Schagen

1986

Verbouwing filiaal/reconstruction of branch
of Nutsspaarbank, Wenckebachstraat, Velsen-
Noord
Verbouwing en restauratie/reconstruction and
restoration Metz & Co, Amsterdam
Interieur Optiebeurs/interior of Options
Exchange, Amsterdam

1986-1987

Verbouwing filiaal/reconstruction of branch
of Nutsspaarbank, Stalpaertstraat, Alkmaar
Woonhuis/house Boelhouwer, Amsterdam

1986-1988

Woningen/dwellings, Huizen

1986-1989

Kantoor/office, Brainpark, Kralingse Zoom,
Rotterdam

Woningen, kantoren en deelraad gemeentehuis/
dwellings, offices and district council offices,
Zuidplein, Rotterdam

1986-1990

Restauratie, verbouwing en herinrichting Staten
van Zeeland en abdijcomplex/restoration,
reconstruction and conversion of Provincial
Council of Zeeland and abbey complex,
Middelburg

1987

Verbouwing filiaal/reconstruction of branch of
Nutsspaarbank, Hoofdstraat, Hillegom

Verbouwing filiaal/reconstruction of branch of
Nutsspaarbank, Van Ooster de Bruynstraat,
Haarlem

Inrichting tentoonstelling/Exhibition design
Frans Molenaar, Gemeentemuseum/Municipal
Museum, Den Haag/The Hague

Uitbreiding met zwembad woonhuis/addition of
swimming pool to house Janssen, Bentveld

1987-1988

Woonhuis/house Van Dam, Zeist

1987-1990

Verbouwing/remodelling restaurant Le Garage,
Amsterdam

1987-1991

Kantoor en interieur/office and interior, Dam,
Amsterdam

Woningen en winkels/dwellings and shops,
Nieuwezijds Voorburgwal, Amsterdam

1988

Interieur kantoor/interior of office De Vroedt &
Thierry, Amsterdam

Inrichting directiekantoren/interior design of
management offices Burgerinvest, Zeist-
Driebergen

Inrichting directiekantoren/interior design of
management offices Multi Vastgoed, Gouda

1988-1989

Verbouwing woonhuis/renovation of house
Mosler, Amsterdam

Woningen/dwellings, Naarderbos

Huis van de toekomst/House of the future,
Rosmalen

1988-1990

Woonhuis/house Eveleens, Amstelveen

Woningen/dwellings, Diemen

Hotel, schouwburg en filmzalen, kantoren en
woningen/hotel, theatre, cinema, offices and
dwellings Figi, Zeist

1988-1992

Kantoor/office Archiparc, Utrecht

1989

Verbouwing en uitbreiding/remodelling and
extension of Garden Hotel, Amsterdam

Verbouwing woonhuis/renovation of house
Peeters, Alphen (N-B)

1989-1990

Verbouwing kantoor/reconstruction of office
Kroonenberg, Amsterdam

Verbouwing hoofdkantoor Nederlandse
Filmbond/reconstruction of headquarters of
Film Association of the Netherlands, Amsterdam

Bioscoopcomplex Cannongroep/cinema
complex Cannon Group, Amsterdam

Woonhuis/house Metz, Zaltbommel

Kantoren en terraswoningen/offices and
terraced dwellings, Zoetermeer

1989-1991

Woonhuis/house Out, Aerdenhout

Verbouwing woonhuis/renovation of house Van
der Heten, Riel

Kantoor/office Palazzo Forense, Utrecht

Kantoor en interieur/office and interior of
Palazzo Cattedrale, fase/phase I, Ede

1989-1992

Kantoor/office, Rijnsweerd-Noord, Utrecht

Kantoor/office, Alexanderplein, Den Haag/The
Hague

1990

Kaaswinkel/cheese shop, Gravenstraat,
Amsterdam

Renovatie gevels/renovation of facades of Moller
Instituut/Moller Institute, Tilburg

Kantoren/offices Archiparque Miraflores,
Lissabon/Lisbon, Portugal

Uitbreiding bank/extension to bank, Reigersbos,
Amsterdam

Verbouwing woonhuis/renovation of house De
Jong, Naarden

1990-1991

Kantoren/offices, Koninginnegracht, Den Haag/
The Hague

1990-1993

Huizen van de toekomst/houses of the future,
Filmwijk, Almere

1991

Grand Café Dam, Amsterdam

Akoestiek Stadhuis Muziektheater/acoustics of
City Hall-Music Theatre, Amsterdam

1991-1992

Uitbreiding winkel/extension to shop Casanu,
Bennebroek

1991-1993

Herinrichting Abdijplein en ingang
Provinciehuis en Zeeuws Museum/reprofiling
of abbey courtyard and entrance to provincial
government building and Museum of Zeeland,
Middelburg

Kantoor op een boot/office on a boat, Amstel,
Amsterdam

Verbouwing kantoor/reconstruction of office
Brouwer, Lage Vuursche

Winkelcentrum en woningen/shopping centre
and dwellings Goverwelle, Gouda

1991-1995

Verbouwing/reconstruction of Bavo,
Heemraadsingel, Rotterdam

1991-1996

Bavo, Orthopsychiatrische kliniek voor jong-
volwassenen/orthopsychiatric clinic for young
adults, Capelle a/d IJssel

1991-1998

Uitbreiding hoofdlocatie/extension of main
building Bavo, Capelle a/d IJssel

1992

Woningen/dwellings, Loolaan, fase/phase I,
Apeldoorn

Woningen/dwellings Huntum, Amsterdam-
Zuidoost

Woningen/dwellings Heksenwiel, Breda

Woningen/dwellings Burgemeester
Beelaertspark, Dordrecht

1992-1993

Verbouwing portiersloges/remodelling of
porter's lodge, Stadhuis Muziektheater/City Hall-
Music Theatre, Amsterdam

Verbouwing woonhuis/renovation of house
Heertje, Naarden

1992-1995

Seniorenwoningen/dwellings for seniors
Overduin, Overveen

Appartementen, winkels en café-restaurant/
apartments, shops and cafe-restaurant, Almere

Koorrepetitieruimte Stadhuis Muziektheater/
chorus rehearsal room City Hall-Music Theatre,
Amsterdam

1992-1997
Woongebouw en stadvilla's/apartment building and urban villas, Omval, Amsterdam

1992-1998
Woningen, winkels en kantoren/dwellings, shops and offices, Palaceplein/Utrechtsestraat/Zwolsestraat, Scheveningen

1993
Verbouwing winkel/remodelling of shop Worm, Alkmaar
Museum Mondriaan Paviljoen/Mondriaan Museum pavilion, Domburg

1993-1994
Kantoor en interieur/office and interior of Geïllustreerde Pers, Amsterdam-Zuidoost
Renovatie/renovation Oldenhove, Overveen

1994
Verbouwing woonhuis/renovation of house Brouwer, Bilthoven
Botenhuis/boathouse Eilinzon, Vinkeveen

1994-1995
Interieur/interior Palazzo Cattedrale, Ede
Uitbreiding woonhuis/extension to house Metz, Zaltbommel
Verbouwing muziekwinkel/reconstruction of music shop, Spui, Amsterdam

1994-1996
Woonhuis familie P./house for P. family, Middenbeemster
Kantoren/offices Wittborgh, Dordrecht

1994-1997
Kantoren en woningen/offices and dwellings, Stadhouderskade, Amsterdam
Woongebouw met winkels/apartment building with shops Spuihof, Den Haag/The Hague
Wilhelminatoren/Wilhelmina Tower, Galleria, Centraal Belastingkantoor/central tax office, Wilhelminahof, Rotterdam

1994-2000
Uitbreiding, renovatie en interieur theater Agnietenhof/extension, renovation and interior of Agnietenhof theatre, Tiel

1995
Restauratie en verbouwing bioscoop/restoration and remodelling of cinema Cineac, Amsterdam
Ontwerp decor *Rembrandt was mijn buurman*/set design for *Rembrandt was my next-door neighbour*, Haarlems Toneel/theatre company, Haarlem
Museum Huis van de toekomst/House of the future Museum, Rosmalen

Interieur kantoorgebouw/interior of office building Royal Dam Centre, Amsterdam

1995-1996
Parkeergarage/carpark Hof van Zuid, Rotterdam
Kantoor en interieur/office and interior, Brainpark kavel/plot I, Rotterdam
Kantoor/office Palazzo Cattedrale, fase/phase III, Ede
Woningen/dwellings Aquadus en/and Hof van Delft, Delft
Woningen/dwellings Tussenwater, Rotterdam-Hoogvliet
Verbouwing kantoor/reconstruction of office Rothmans, Amsterdam-Buitenveldert
Woonboot/houseboat Rijke, Grouw

1995-1997
Galleria, Wilhelminahof, Rotterdam
Woningen/dwellings het Waterrond, Oostertocht, Heerhugowaard

1995-1999
Appartementen/apartments, Boxtel

1995-2000
Woningen en hotel/dwellings and hotel Hobbemakade, Amsterdam (i.s.m./with Zaanen en Spanjer Architecten)
Wooncentrum, rehabilitatiecentrum en diagnostisch centrum/accommodation, rehabilitation centre and diagnostic centre, Zevenkamp
Woningen/houses, Loolaan, Apeldoorn
Interieur Stadhuis/interior City Hall, Almere

1995-2001
Woningen/houses, Bilderdijkkade, Amsterdam

1996-
Plan woontoren Blaak/apartment tower block Blaak, Rotterdam
Plan theaterboot/theatre boat, Arnhem

1996
Verbouwing interieur/reconstruction interior Palazzo Cattedrale, fase/phase I, Ede
Airgate, Rotterdam
Woonhuis/house Wakker, Mijnsheerenland
Vliegtuighangar luchthaven/hangar airport Teuge
Interieur skybox/skybox interior, stadion/stadium Amsterdam-Arena

1996-1997
Kantoor/office Debitel, Hoofddorp

1996-1998
Nieuwbouw en verbouwing gemeentehuis/new building and reconstruction of town hall, Boxtel

Woontoren, woningen en winkels/residential tower, dwellings and shops, Gevers Deynoot-weg, Scheveningen

1996-1999
Woonhuis familie van B./house for Van B. family, Bloemendaal
Kantoren/offices Parade, Amstelveen

1996-2000
Woningen/dwellings, Duinlaan, Den Haag/The Hague
Winkels en woningen/shops and dwellings, St. Jorisplein, Amersfoort

1996-2001
Verbouwing woonhuis/renovation of house Van Praag, Bloemendaal
Verbouwing Stadhuis Muziektheater/reconstruction of City Hall-Music Theatre, Amsterdam
Woonhuis familie Van V./house for Van V. family, Zandvoort

1997-
Woningen en winkels/dwellings and shops Getsewoud, deelplan/local development plan 7, Nieuw Vennep

1997
Verbouwing/remodelling of Hotel de l'Europe, Amsterdam
Verbouwing appartement/remodelling of apartment, Bronckhorststraat, Amsterdam
Interieur bevolkingsregister/interior of city registry office, Stadhuis Muziektheater/City Hall-Music Theatre, Amsterdam
Penthouse Braakhekke, Amsterdam

1997-1999
Kantoor en interieur/office and interior, Brainpark I, Rotterdam
Kantoor/office Vogelstruys, Amsterdam-Zuidoost

1997-2000
Hoofdkantoor en interieur/headquarters and interior KPN Telecom, Maanweg, Den Haag/The Hague
Woonhuis/house Rademaker, Den Haag/The Hague
Kantoor en interieur/office and interior Blauwhoed, Brainpark II, Rotterdam

1997-2002
Woningen en winkels/dwellings and shops, Grote Marktstraat, Den Haag/The Hague
Kantoren/offices, De Cuserstraat, Amsterdam-Buitenveldert

Kantoren/offices Palazzo Giardino,
Leidschendam (i.s.m./with v/d Oever, Zaaijer,
Roodbeen en Partners Architecten)

1998-

Woonhuis/house Andriesen, Bloemendaal
Woontorens en winkels/residential towers and
shops, Piet Smitkade, Rotterdam
Woontoren, kantoren en winkels/residential
tower, offices and shops De Admirant,
Eindhoven
Kantoor/office Vlaardingenlaan, Slotermeer/
Overtoomse Veld, Amsterdam
Woningen en kantoren/dwellings and offices
Drie Notenboomen, Gouda
Plan woonhuis/house, Bonaire
Plan school en kantoren/school and offices,
Wibautstraat, Amsterdam
Plan Ziekenhuis/hospital, Prinsengracht,
Amsterdam

1998

Verbouwing/reconstruction of Maison 'Les
lentils', Venterol, Frankrijk/France
Verbouwing appartement/reconstruction of
apartment Kroon, Vught
Stand/exhibition stand Kempen en Begeer,
Frankfurt
Kleuridee plafonds/colour scheme for ceilings of
Fibral/Rockfon
Herinrichting centrale hal en restaurant
Stadhuis/remodelling of central foyer and
restaurant of Town Hall, Almere
Nieuwbouw Stadhuis/new building City Hall,
Almere
Verbouwing woonhuis/renovation of house
Schoemaker, Den Dolder
Kantoren en interieur/offices and interior
Samson, Alphen a/d Rijn

1998-2000

Verbouwing woonhuis/renovation of house
Ouwersloot, Amsterdam
Kantoor, bedrijfshal en interieur/office, business
premises and interior Publex, Diemen
Verbouwing woonhuis/renovation of house
Nassenstein, Amsterdam

1998-2001

Gerechtsgebouw/Courthouse, Lelystad
Kantoren/offices Teleport, Amsterdam

1999-

Restaurant, Alkmaar
Kantoren, woningen en winkels/offices,
dwellings and shops, Koningin
Wilhelminaplein, Amsterdam
Kantoor/office De Taats, Utrecht-Papendorp

Herinrichten Stadhuis Muziektheater/
remodelling of foyer City Hall-Music Theatre,
Amsterdam
Verbouwing woonhuis/renovation of house Vos,
Amsterdam
Verbouwing woonhuis/renovation of house
Haks, Amsterdam
Plan Juanillo Macou Beach, Dominicaanse
Republiek/Dominican Republic
Woningen en kantoren/dwellings and offices
Spuiboulevard, Dordrecht
Plan uitbreiding woonhuis/extension plan for
house Dreschers, Aerdenhout
Bioscoop/cinema, Agnietenkwartier/Agnieten
Quarter, Tiel
Kantoor/office, Capelle a/d IJssel

1999

Kantoren/offices, Burgemeester de Raadtsingel,
Dordrecht
Hekwerk/railings, Abdijplein/Abbey courtyard,
Middelburg
Restauratie en verbouwing/restauration and
renovation Frans Halsmuseum, Haarlem

1999-2001

Woonhuis en atelier/house and atelier Seyferth,
Maastricht

2000-

Plan theater/theatre, Arena boulevard,
Amsterdam-Zuidoost
Ontwerpen in glas/designs in glass, Leerdam
Woningen/dwellings, Willemshaven, Harlingen
Restaurant Kranenborg, Amsterdam
Verbouwing woonhuis/renovation of house
Spanjaart, Bloemendaal
Verbouwing woonhuis en atelier/renovation of
house and atelier Van Straaten, Amsterdam
Plan kantoor/office, Utrecht-Galgenwaard
Plan bedrijfsgebouw/company premises Planken
Wambuis, Almere
Woonhuis/house, Soestdijkseweg-Noord,
Bilthoven
Kantoor/office, Australiëlaan, Alphen a/d Rijn
Restaurant Seinpost, Scheveningen
Plan kantoren/offices, Noorderweg, Hilversum
Woningen/dwellings de Meerbad, Abcoude

2000-2001

Uitbreiding woonhuis/extension to house
Heertje, Naarden
Verbouwing woonhuis/renovation of house
Bronk, Noordwijkerhout
Kantoor/office Palazzo Cattedrale, fase/phase IV,
Ede

Niet-uitgevoerde projecten/ Unrealized projects

1962
Verbouwing woonhuis/renovation of house Maas, Bentveld

1963
Verbouwing woonhuis/renovation of house Suijk, Bloemendaal
Adviesplan theatergebouw/advisory plan for theatre building St. Bavo, Haarlem

1963-1966
Woonhuis/house Bensdorp, Blaricum
Boekhandel en kantoor/bookshop and office Pfann, Haarlem

1964
Verbouwing boerderij/renovation of farmhouse Wolf, Warder
Uitbreiding winkel en woonhuis camping/ extension to campsite shop and house, Zandvoort
Gemeenschapshuis rooms-katholiek kerkbestuur/Roman Catholic church council community centre, Zandvoort

1965
Verbouwing kantoor/reconstruction of office Peeperkoorn, Heemstede
Motel Zwolsman, Harderwijk (i.s.m./with Deelman)
Stomerijdepot/dry cleaning depot Peeperkoorn, Haarlem

1966
Winkelcentrum/shopping centre, Nunspeet (i.s.m./with Deelman)

1967-1970
Creatief centrum en museum voor moderne kunst/creative centre and museum of modern art, Grote Markt, Haarlem
Restauratie en verbouwing/restoration and reconstruction Vleeshal, Haarlem

1967-1972
Psychotherapeutisch centrum/psychotherapy centre Rijnland, Santpoort

1969
Herenmodezaak/men's clothing shop Van der Heyden, Amsterdam
Verbouwing woonhuis/renovation of house De Jong, Amsterdam

Koelhuis met flats/cold store with flats Giraudi, Zandvoort

1969-1970
Woningbouw bouwsysteem/residential construction system Oosterhof, Barnevelt

1970
Herenmodezaak/men's clothing shop Vermeulen, Haarlem
Renovatie binnenstad met kantoren, bedrijven en woningen/inner city renovation with offices, business space and dwellings, Achter de Muur, Groningen (i.s.m./with Holt & Bijvoet)

1970-1971
Structuurplan Creatief centrum met schouwburg en muziektheater, kantoren, winkels en woningen/structural plan for arts centre with theatre and music theatre, offices, shops and dwellings, Haarlem

1971
Verbouwing stadsschouwburg/renovation of city theatre, Leidseplein, Amsterdam (prijsvraag/competition entry)
Verbouwing/remodelling of showroom Ubica, Amsterdam

1972
Verbouwing/remodelling Grand Theater, Amersfoort
Main Activity Centre, Tanger/Tangier, Marokko/Morocco (prijsvraag/competition entry)
Renovatie woningen en winkels/renovation of dwellings and shops Verdronken Oord, Alkmaar
Patiowoningen/dwellings with a patio Schopman, Heemstede
Drive-inwoningen/drive-in dwellings Groot, Egmond aan Zee

1972-1973
Woningen/dwellings Bakker, Zwanenburg

1972-1980
Woningen en stedenbouwkundig plan/dwellings and urban design plan Oostertocht, Heerhugowaard

1973-1974
Gebouw Openbare Werken en Gemeentelijke Diensten/Public Works and Municipal Services building, Heemstede

1973-1975
Subfaculteit Psychologie Katholieke Hogeschool/Subfaculty of Psychology at Catholic College, Tilburg (i.s.m./with Holt & Bijvoet)

1974
Reisburo/travel agency Magneet, Hilversum
Reisburo/travel agency Magneet, Haarlem
Verbouwing woonhuis/renovation of house Braun, Bloemendaal
Reisburo/travel agency Magneet, Alkmaar
Verbouwing woonhuis/renovation of house Verheijen, Tilburg
Woontorens/residential towers Van Eykelenburg, Tilburg

1975
Gebouw Tweede Kamer/Lower House of Parliament building, Den Haag/The Hague (prijsvraag met Postma/competition entry with Postma)
Woningbouw/residential building De Mussen-hoek, Udenhout
Woningbouw/residential building Bouw-consortium, Tilburg
Verbouwing woonhuis/renovation of house Bazen, Amsterdam
Woonhuis/house Verwey, Aerdenhout

1975-1976
Kantoor en magazijnen Rons confectie/office and warehouse for Rons clothing, Amstelveen

1976-1977
Woningen/dwellings Beukenhorst, Oegstgeest
Uitbreiding en verbouwing/extension and reconstruction of Hotel Oud Londen, Zeist

1977-1978
Woningbouw/residential building Teekens, Hillegom
Woningbouw/residential building Teekens, Noordwijk

1977-1978/1983-1984
Restauratie, renovatie en nieuwbouw woningen/restoration, renovation and construction of new dwellings, Prinsengracht, Amsterdam

1978
Appartementen/apartments Oosterman, Scheveningen
Woningen, hotel en kantoren/dwellings, hotel and offices, Boulevard en Spuikom, Vlissingen (prijsvraag/competition entry)
Kantoor/office 'Vleeschmeesters', Leiderdorp

1978-1979
Verbouwing sigarenzaak/remodelling of cigar dealer Hajenius, Amsterdam

1978-1980

Restauratie en verbouwing museum Mauritshuis/restoration and reconstruction of Maurithuis museum, Den Haag/The Hague

1979

Verbouwing theater Odeon/reconstruction of Odeon theatre, Amsterdam
Restauratie en verbouwing gebouw Hoge Raad/restoration and reconstruction of Supreme Court of the Netherlands, Den Haag/The Hague
Woonhuis/house Kroon, Eindhoven

1979-1980

Woonhuis/house Van der Meene, Zeist

1980

Woonhuis/house Cap d'Antibes, Frankrijk/France

1982

Kantoren, woningen Olympisch Stadion/offices and dwellings Olympic Stadium, Amsterdam

1983

Woningbouw/housing Tetterode, Amsterdam
Renovatie kantoor/renovation of office, Overtoom, Amsterdam
Kantoren/offices Tête de Defence, Parijs/Paris, Frankrijk/France (prijsvraag/competition entry)
Kantoor/office Burginvest, Utrecht (prijsvraag/competition entry)

1983-1984

Woningen en kantoren/dwellings and offices, Rijswijk (prijsvraag/competition entry)

1984

Kantoor/office Pont d'Amsterdam, Amsterdam
Woontorens/residential towers Thorbecke, Den Haag/The Hague
Brug over de Hudson/bridge over the Hudson, New York, Verenigde Staten/United States
Woningen en algemeen ziekenhuis/dwellings and hospital, Capelle a/d IJssel

1984-1985

Woningen/dwellings, Wassenaar

1985

Stadhuis, woningen en parkeergarage/town hall, dwellings and carpark, Houten (prijsvraag/competition entry)
Kantoor/office Ahrend, Zeist
Cosmocenter, Hilvarenbeek
Hotel met kantoren/hotel with offices De Beukenhorst, Hoofddorp (prijsvraag/competition entry)

Woningen, kantoren, restaurant/dwellings, offices, restaurant, Amsterdam (prijsvraag met/competition entry with Bodon)
Woningen/dwellings Van Eeghenstraat/Vondelpark, Amsterdam
Woningen en kantoren/dwellings and offices, Apollolaan, Amsterdam
Sporthal/sports hall Rosenburg, Den Haag/The Hague
Leisure Centre Apollo Hotel, Amsterdam

1985-1988

Woonhuis/house Nieborg, Loosdrecht

1986

Oosterdok/Eastern Docks, Amsterdam
Kantoren en bedrijfsruimten/offices and business space Buil, Amsterdam (prijsvraag/competition entry)
Stedenbouwkundig ontwerp, kantoorgebouwen, hotel, woningen en tentoonstellingsruimten Confectiecentrum/Urban design, office buildings, hotel, dwellings and exhibition space Fashion Centre, Koningin Wilhelminaplein, Amsterdam
Disco, Rotterdam

1987

Hotel 't Kalfje, Amsterdam

1987-1988

Woningbouw/dwellings Utermöhlen, Amsterdam
Kantoren en woningbouw/offices and residential building Linmij, Amsterdam

1988

Kantoor/office, Veenendaal
Woningen en winkels/dwellings and shops, Beethovenstraat, Amsterdam
Uitbreiding hoofdkantoor/extension to headquarters Postbank, Amsterdam
Premiewoningen/subsidized dwellings, Spijkenisse

1989

Nederlands Paviljoen Wereldtentoonstelling '92/Dutch Pavilion at World's Fair 1992, Sevilla/Seville, Spanje/Spain
Verbouwing woonhuis/renovation of house Van der Reis, Amsterdam
European Patent Office, Leidschendam (prijsvraag/competition entry)

1990

Plan hotel Oudezijds Voorburgwal, Amsterdam
Plan Teleport, Amsterdam
Plan kantoren/offices, Glasgow
Woonhuis/house Lyppens, Amsterdam

Plan woningen en hotel/dwellings and hotel, Nicolaas Witsenkade, Amsterdam

1991

Plan appartement/apartment, Keizersgracht, Amsterdam
Plan bedrijfshal/business premises Bosley, Almere
Kantoor/office Rivium Zuid, Capelle a/d IJssel
Kantoor/office Bergwijk park, Diemen
Plan kantoor met parkeerruimte/office with parking Anatre, Woerden
Winkelcentrum en woningen/shopping centre and dwellings, Tilburg (prijsvraag/competition entry)

1992

Plan school/school, Almere
Plan Ziekenhuis van de toekomst/Hospital of the future, Haarlem
Appartementen/apartments Keur Marina, Veere
Plan restaurant Singel/Reguliersdwarsstraat, Amsterdam
Plan kantoren/offices, Hullenbergweg, Amsterdam

1993

Woningen en winkels/dwellings and shops, Heythuysen (prijsvraag/competition entry)
Plan hotel 't Kalfje, Amsterdam
Plan kantoor en loods/office and warehouse Alcatel, Rijswijk
Plan kantoren en winkels/offices and shops, Blaak, Rotterdam
Plan bedrijfsruimte/business premises, Jachthaven Omval/Omval marina, Amsterdam

1994

Plan bedrijfshal/business premises, Amsterdam
Ontwerp wijnhandel/design for wine dealer Rijnaarts, Alkmaar
Plan kantoor/office, Waddinxveen
Prijsvraag plan/competition plan Chassee-terrein, Breda
Centrum voor ouderen psychiatrie/psychiatric centre for senior citizens, Overschie, Rotterdam
Plan uitbreiding/extension restaurant Le Garage, Amsterdam

1995

Plan verbouwing/reconstruction of Van Gogh Museum, Amsterdam (prijsvraag/competition entry)
Plan kantoor/office, Cuserstraat, Amstelveen
Plan kantoren/offices Hoogheemraadschap Rijnland, Leiden
Plan kantoor/office, Amsterdam-Zuidoost
Plan politiebureau/police station, Breda
Plan kantoren/offices, Den Dolder

Plan kantoren en woningen/offices and dwellings, Huizen

Prijsvraag winkelcentrum/shopping centre competition, Hengelo

Plan woningen/dwellings, Marinehospitaal-terrein/Marine Hospital grounds, Overveen

Plan kantoren en bedrijfshal/offices and business premises, Woerden

Bedrijfsgebouw/company premises Pharmacia, Woerden

Plan woontoren en winkels/residential tower and shops, Wijnhaven, Rotterdam

Plan kantoren en winkels/offices and shops, Leisure centre, Scheveningen

1995-1997

Plan winkelcentrum en woningen/shopping centre and dwellings, Zuilen

1996

Plan woonhuis/house Out, Laren

Kantoor/office, Capelle a/d IJssel

1997

Plan restauratie/restoration Apollohal, Amsterdam

Stadsvilla's/urban villas, Oosterhout

Verbouwing Stadskantoor/reconstruction of city offices, Den Bosch (prijsvraag/competition entry)

Plan garage/carpark, Prins Bernardlaan, Amstelveen

Plan winkelcentrum/shopping centre, Alphen a/d Rijn

Plan Storkterrein/Stork grounds, Amsterdam

Plan Park Breukelen, Breukelen

Plan Pandawa, Jakarta, Indonesia

Plan hotel Leidsekade, Amsterdam

Plan appartementen/apartments Watertoren, Kwadijk

Kantoor AVBB/AVBB office, Utrecht-Papendorp (prijsvraag/competition entry)

Verbouwing kantoor/remodelling of office, Badhoevedorp

1998

Café Kloveniersburgwal, Amsterdam

Plan woningen, winkels en kantoren/dwellings, shops and offices, Kneuterdijk, Den Haag/The Hague

Bavo OVBD, Capelle a/d Ijssel

Plan verbouwing appartement/remodelling apartment, Plaats 14, Den Haag/The Hague

Plan kantoor/office, Kiev, Oekraïne/Ukraine

Serres/veranda, restaurant Dantzig, Amsterdam

Plan verbouwing/reconstruction, Hulkesteinseweg, Arnhem

Plan kantoor en bedrijfshal/office and business premises, Breukelen

Verbouwing woonhuis/renovation of house Ratelband, Arnhem

1999

Plan kantoren/offices, Burgemeester Stramanweg, Amsterdam-Zuidoost

Renovatie en nieuwbouw/renovation and extension to Theater Orpheus, Apeldoorn (prijsvraag/competition entry)

Plan Muntbergweg/Aarderhoogtweg/ Lutten-bergweg, Amsterdam-Zuidoost

Plan hotel Rembrandtplein, Amsterdam

Verbouwing woonhuis/renovation of house Beatrixlaan, Amstelveen

Multifunctioneel Centrum/multifunctional centre, Dronten (prijsvraag/competition entry)

2000

Plan appartementen/apartments, Singapore

Kantoor/office, Bouriciusstraat/ Amster-damseweg, Arnhem

Kantoor/office, Eerste Ringdijk/James Wattstraat, Amsterdam

Plan Center Parcs De Eemhof, Zeewolde

Kantoor/office Groenewoud, Utrecht

Alle projecten tot 1965 zijn, tenzij anders vermeld, tot stand gekomen i.s.m. Zaanen/ All projects through to 1965 were realized in collaboration with Zaanen, unless otherwise indicated

Curriculum Vitae Prof. Cees Dam

Naam/Surname

Dam

Voornamen/Forenames

Cornelis Gregorius

Geboortedatum/Date of birth

31 juli/July 1932

Geboorteplaats/Place of birth

Velsen

Triniteitscollege HBS-B/highschool, Haarlem
Hogere Technische School (Bouwkunde)/Technical College (Architecture), Haarlem

1963
Afgestudeerd Academie van Bouwkunst HBO, Amsterdam/Graduated from the Academy of Architecture, Amsterdam

1964
Vestigt bureau in Heemstede/Established bureau in Heemstede

1968
Vestigt bureau in Amsterdam/Established bureau in Amsterdam

1993
Hoogleraar Architectuur, Faculteit der Bouwkunde, Technische Universiteit, Delft/Professor of Architecture, Faculty of Architecture, Delft University of Technology

1995
Decaan, Faculteit der Bouwkunde, Technische Universiteit, Delft/Dean, Faculty of Architecture, Delft University of Technology

Nevenactiviteiten, beklede functies/other activities, official functions

Voorzitter Architectenvereniging afgestudeerden HBO/Chairman of Association of Graduate Architects
Voorzitter bestuur Bond van Nederlandse Architecten, Amsterdam/Chairman of the board of the Royal Institute of Dutch Architects, Amsterdam
Lid commissie Toegepaste Monumentale Kunst, Haarlem/Member of the Committee for Applied Monumental Art, Haarlem
Lid rijksadviescommissie Kunstwerken aan Scholen/Member of the Art in Schools national advisory committee
Lid bestuur Stichting Scholengemeenschap Amsterdam/Member of the board of the School Foundation, Amsterdam
Lid bestuur Stichting Actueel Kunst Centrum, Amsterdam/Member of the board of the Contemporary Art Centre Foundation, Amsterdam
Rijksgecommitteerde bij afstuderen architecten/External examiner for graduating architects
Voorzitter Schoonheidscommissie, Amsterdam/Chairman of the Aesthetic Control Committee, Amsterdam
Lid Raad van de Monumentenzorg/Member of the Council of the Department for Conservation
Lezingenserie over architectuur, VARA-radio/Radio lecture series about architecture, VARA-radio
Gastdocentschappen architectuur en interieur in binnen- en buitenland/Visiting lecturer on architecture and

interior design in the Netherlands and beyond
Lid coördinatiecommissie VROM/ Member of the coordination committee of the Ministry of Housing, Spacial Planning and Environment
Voorzitter jury Staalprijs Nederland/ Chairman of the jury for the Staalprijs Nederland
Lid jury Prix de Rome architectuur/ Jury member for the Prix de Rome for architecture
Voorzitter afdeling Beeldende Kunsten en Vormgeving, Raad voor de Kunst/Chairman of the Visual Arts and Design section, Council for the Arts
Voorzitter commissie Advisering Architectuur, Stimuleringsfonds voor Architectuur/Chairman of the Architecture Advisory Committee, Netherlands Architecture Fund
Lid bestuur Stimuleringsfonds voor Architectuur/Member of the board of the Netherlands Architecture Fund
Lid commissie Coördinatie Informatie Publiciteit BNA/Member of the Committee for the Coordination of Information and Publicity, Royal Institute of Dutch Architects
Voorzitter Nationale Millennium Prijsvraag 2000/Chairman of the National Millennium Competition 2000
Voorzitter jury Bouwen, De Zeven Pyramides 2000, Rijksprijs voor Excellent Opdrachtgeverschap onder auspiciën van het Platform Architectuurbeleid en de ministeries van V&W, LNV, OC en W en VROM/Chairman of the jury for Building, The Seven Pyramids 2000,

National Prize for Excellent Patronage under the auspices of the Platform for Architectural Policy and the Ministry of Transport, Public Works and Watermanagement, the Ministry of Agriculture, Nature Management and Fisheries, the Ministry of Education, Science and Culture, and the Ministry of Housing, Spatial Planning and Environment
Voorzitter Taller, Amsterdam/ Chairman of Taller, Amsterdam
Mentor nieuwe leden van de Bond voor Nederlandse Architecten/ Mentor for new members of the Royal Institute of Dutch Architects
Televisieserie Teleac *Architectuur volgens Cees Dam*/Television series for Teleac television academy

Curriculum Vitae Diederik Dam

Naam/Surname

Dam

Voornamen/Forenames

Diederik Cornelis Gregorius

Geboortedatum/Date of birth

25 september 1966

Geboorteplaats/Place of birth

Haarlem

Stedelijk Gymnasium/Grammar
School, Haarlem
Technische Universiteit, Delft,
Faculteit der Bouwkunde/Delft
University of Technology, Faculty of
Architecture

1993

Afgestudeerd Technische Universiteit,
Faculteit der Bouwkunde, Delft/
Graduated from the Faculty of
Architecture, Delft University of
Technology
Afstudeerrichting: Architectuur/Major:
Architecture
Afstudeerproject: Paleis voor een
koning, Amsterdam (i.s.m. hofhou-
ding koninklijke familie en Rijks-
gebouwendienst)/Thesis: Palace for a
King, Amsterdam (in association with
the Royal Household and the
Government Buildings Agency)

1987-1993

diverse verbouwingen en interieurs/
various reconstructions and interiors

1993-heden/present
Dam & Partners Architects

Nevenactiviteiten, functies/
other activities, posts

1993-heden/present
diverse lezingen, o.a.: 'Hoogbouw in
Den Haag', vereniging vrienden van
Den Haag/lectures, including: 'High-
rise in The Hague', Association of
Friends of The Hague
'Het stadsappartement – geschiedenis
en recente voorbeelden', woningstich-
ting Lieven de Key, Amsterdam/'The
city apartment – history and recent
examples', Lieven de Key housing
association, Amsterdam
'Urbanism', Chicago
'Hoogbouw', studievereniging
Technische Universiteit, Eindhoven,
'Duikers in restoratie', Duiker-sympo-
sium, Technische Universtiteit
Delft/'Duiker's in restoration', Duiker
symposium, Delft University of
Technology

1993-heden/present
diverse docentschappen, o.a. Technische Universitcit Dclft/various
teaching posts, including the Delft
University of Technology

1995
tentoonstelling ABC Architectuur-
centrum, Haarlem/exhibition ABC
Architecture Centre, Haarlem

2000
tentoonstelling jonge Nederlandse
architecten, Jakarta, Indonesië/exhibi-
tion Young Dutch Architects, Jakarta,
Indonesia

Colofon/Colophon

Concept
Diederik Dam, Christoph Grafe

Redactie/Editors
Christoph Grafe, Gabriël Verheggen

Coördinatie publicatie/Coördination publication
Fleur de Groot, Dam & Partners

Fotografie/Photography
Michel Claus, Amsterdam
behalve/with the exception of:
Theo Bos, Den Haag/The Hague: p. 45, 67, 163, 165, 213
Janiek Dam, Amsterdam: p. 9, 240
Th. Delbeck, Herne, BRD: p. 52/53
Eric Hesmerg, Sneek: p. 132/133
Cary Markerink, Amsterdam: p. 62 (o/b)

Computertekeneningen architectuur/
Computer drawings and renderings architecture
Architec, Hoofddorp

Vormgeving/Graphic design
Klaus Baumgärtner, Den Haag/The Hague

DTP
Beeldvorm, Leidschendam

Tekstredactie/Copy editing
Olof Koekebakker, Solange de Boer, Els Brinkman

Vertaling Ned-Eng/Translation Dutch-English
Andrew May, Amsterdam, with thanks to Pierre Bouvier

Productie/Production
Astrid Vorstermans, NAi Uitgevers/Publishers, Rotterdam

Uitgever/Publisher
Simon Franke, NAi Uitgevers/Publishers, Rotterdam

Druk en lithografie/Printing and lithography
Drukkerij Rosbeek bv, Nuth

Bindwerk/Binding
Stokkink's Boekbinderij bv, Amsterdam

Available in North, South and Central America through D.A.P./Distributed Art Publishers Inc, 155 Sixth Avenue 2nd Floor, New York, NY 10013-1507, Tel. 212 6271999 Fax 212 6279484.
Available in the United Kingdom and Ireland through Art Data, 12 Bell Industrial Estate, 50 Cunnington Street, London W4 5HB, Tel. 181 7471061 Fax 181 7422319.

Printed and bound in the Netherlands

ISBN 90-5662-183-1